12 jours

12 jours

Histoires de jours en or

© 2022 Michel Roche

Édition : BoD – Books on Demand, info@bod.fr
Impression : BoD – Books on Demand,
In de Tarpen 42, Norderstedt (Allemagne)
Impression à la demande

Illustration couverture : © Audrey Roche

ISBN : 978-2-3224-2370-5
Dépôt légal : Août 2022

« Ils ne savaient pas que c'était impossible,
alors ils l'ont fait »
Mark Twain

Pour tous les jeunes dans nos nombreux clubs de ski
qui rêvent de devenir un jour champion.

Avant-propos

La première fois que je me suis intéressé à des Championnats du monde de ski alpin remonte à très loin. Des champions comme Hermann Maier, Deborah Campagnoni, Bode Miller ou encore Tina Maze n'étaient pas encore nés !

Deux raisons avaient guidé mon attention. D'abord, parce qu'il est, somme toute, assez rare de se passionner pour des courses de ski alpin en plein mois d'août. Même si cet été-là en Savoie, la météo n'avait rien d'estival.

A mi-juillet, il neigeait en effet dans pratiquement toutes les stations de sports d'hiver et en plaine les températures avaient du mal à dépasser les 15 degrés !

Ensuite parce que, jour après jour, arrivaient de l'autre bout du monde de très bonnes nouvelles pour le ski français.

A l'heure où dans les campagnes françaises on s'apprêtait à démarrer la moisson, celle des médailles des skieurs tricolores en 1966 à Portillo au Chili dépassait les espérances des pronostiqueurs les plus optimistes.

Tout cela peut vous paraître bien lointain. Pourtant, il faut encore remonter près de 35 ans avant Portillo pour trouver l'origine de cette compétition internationale.

C'est en effet à l'Anglais Arnold Lunn que l'on doit l'idée d'organiser, sous l'égide de la Fédération Internationale de Ski, une première édition des Championnats du monde de ski alpin.

C'est en 1931 que se déroule le premier Mondial dans l'histoire du ski alpin dans la station suisse de Mürren, avec deux courses, une descente et un slalom.

Dès l'année suivante, une nouvelle épreuve appelée le combiné, destinée à inciter les athlètes à être polyvalents, est inscrite au programme.

Jusqu'à la Seconde Guerre mondiale, les Championnats du monde ont lieu chaque année. Jusqu'en 1939, ils porteront le nom de championnats internationaux de la FIS (Fédération Internationale de Ski).

Après la Seconde Guerre mondiale et jusqu'en 1985, les Championnats du monde se déroulent tous les deux ans, les années paires. De 1948 à 1980, les Jeux Olympiques font office de Championnats du monde, le champion olympique étant alors considéré également comme le champion du monde.

C'est en 1950 qu'un slalom géant est couru pour la première fois dans des Mondiaux, à Aspen aux Etats-Unis. Depuis 1985, les Championnats du monde se déroulent toujours tous les deux ans, mais désormais les années impaires.

Une nouvelle discipline de vitesse, le Super-G, intègre le programme des Mondiaux en 1987 à Crans Montana.

De nouvelles épreuves de slalom parallèle viennent également enrichir les Championnats du monde avec une course par équipe, à partir de 2015 à Vail-Beaver Creek, et en individuel plus récemment, en 2021 à Cortina d'Ampezzo.

Les Mondiaux se différencient singulièrement du circuit Coupe du monde, constitué par plus d'une vingtaine d'étapes distinctes pour les hommes et les femmes.

Ils réunissent en effet en un seul lieu environ 600 skieurs alpins masculins et féminins venus de près de 75 pays, qui s'affrontent pendant 12 jours d'épreuves.

Tous ces Mondiaux se sont déroulés dans les plus grandes stations de ski de la planète. Très souvent en Europe, un peu moins souvent sur le continent nord-américain (Etats-Unis et Canada), deux fois en Asie (Japon) et une seule fois en Amérique du Sud (Chili).

Ils ne se sont tenus qu'à trois occasions en France : à Chamonix en 1937 et 1962, et à Val d'Isère en 2009. Après 14 années d'absence, ils seront de retour dans les Alpes françaises.

Du 6 au 19 février 2023, le monde du ski aura en effet le regard tourné vers les pistes de ski savoyardes de Courchevel et Méribel.

De superbes courses disputées dans 6 disciplines tiendront en haleine jusqu'à 20 000 spectateurs chaque jour et 500 millions de téléspectateurs sur la durée de l'événement.

Plusieurs de ces compétitions auront lieu sur le versant opposé à mon village savoyard de cœur, Montagny, sur une piste difficile, rapide et engagée. Dénommée l'Eclipse, elle a été testée pour la première fois lors des Finales de Coupe du monde 2022.

C'est durant l'été 2020 au cours d'une randonnée menée sur son tracé, qui démarre du Col de la Loze pour s'achever au charmant village du Praz, que m'est venue l'idée d'écrire ce livre sur les Championnats du monde de ski alpin.

Au fil de ces pages, vous allez découvrir ou redécouvrir 12 histoires de skieuses et skieurs qui ont merveilleusement réussi cette course d'un jour.

Avec 46 éditions des Mondiaux depuis 1931, le choix de celles et ceux qui font partie de ce livre 12 jours n'a pas été facile.

Bon nombre de championnes et champions méritaient en effet d'y figurer au regard de la formidable trace qu'ils ont laissée dans l'histoire des Championnats du monde.

Ce livre débute avec le regard d'Adrien Théaux. Le récit de ses 7 participations (2007 à 2019) à des Championnats du monde permet de mesurer pleinement combien cette compétition internationale est particulière et unique en son genre.

Il se poursuit avec ce que j'ai appelé le jour d'avant. La fabuleuse campagne chilienne du ski français de 1966 ne pouvait pas ne pas être racontée ici.
Rendez-vous compte : chaque fois qu'un skieur français s'est élancé dans le portillon de départ à Portillo, c'était quasiment une médaille sur la ligne d'arrivée !

Je vous invite ensuite à vous élancer dans la lecture de 12 histoires de jours en or dans chacune des disciplines inscrites au programme des Mondiaux.

12 moments inoubliables pour ces championnes et champions et pour les nombreux fans de ski venus les encourager, qui resteront gravés à jamais dans l'histoire du ski alpin mondial.

Michel Roche

Préface

Depuis toujours, le ski alpin est ma passion. Dès l'âge de 8 ans et de mes premières compétitions, mon rêve était de devenir un champion. Franck Piccard et Luc Alphand étaient mes idoles. Je suivais leurs exploits. Cela m'a donné envie de disputer des Championnats du monde.

De 2007 à 2019, j'ai eu l'honneur de participer à sept d'entre eux. De Åre à Beaver Creek, de Val d'Isère à Schladming en passant par Garmisch et Saint-Moritz, j'ai pu mesurer combien cette compétition internationale est particulière et unique en son genre.

C'est la course d'un jour où tout peut arriver. C'est la course d'une vie qui peut profondément changer votre existence. Contrairement à certains sports, telle la Formule 1 où tout se dispute sur une saison, en ski alpin, nous jouons le titre en moins de deux minutes !

Le stress peut alors vous envahir, la pression grandir, l'inattendu surgir à chaque seconde, la blessure vous anéantir, l'émotion vous submerger.

Quelques exemples marquants me reviennent en mémoire.

A Åre en 2007, pour ma première participation à des Mondiaux, j'hérite du dossard 1 en Super-G. Tout sauf un cadeau ! Pendant 3 jours, attentes et reports se sont succédés. Une vraie expérience de gestion du stress et quelques nuits compliquées.

Apprenant ! ! !

Deux ans plus tard à Val d'Isère, quel bonheur de me retrouver au sommet de la Face de Bellevarde. Une piste aussi incroyable et magique que sélective. Je signe une très belle 5e place sur cette descente.

Un moment qui restera inoubliable, partagé avec ma famille, mes amis, mon fan-club et le public français. C'est le Canadien John Kucera, jamais monté sur la boîte auparavant, qui rafle la médaille d'or.

Bluffant ! ! !

A Garmisch en 2011, sur la mythique Kandahar comme habituellement dans l'ombre, je suis champion du monde... de l'entraînement !

Mais le jour de la descente, mes Mondiaux se terminent dans les filets après 15 secondes de course, en raison de la perte d'un ski. Une blessure à la hanche en prime.

Rageant ! ! !

Schladming 2013 voit David Poisson, en pleine confiance, signer une fantastique troisième place sur la descente. L'équipe de France remet ainsi le pied sur le podium

d'une descente des Mondiaux, 17 ans après Luc Alphand en Sierra Nevada.
La cérémonie des médailles restera à jamais gravée dans ma mémoire. Quel moment fabuleux, Caillou nous manque tellement.

Etincelant ! ! !

En 2015, à Beaver Creek, j'arrive avec de nouveaux skis et la ferme intention de me hisser sur le podium. Au départ du Super-G, je suis un peu stressé. Je vis alors un instant inexplicable. Kjetil Jansrud vient me taper dans la main, geste qu'il n'avait jamais fait auparavant !

Plus tard, dans l'aire d'arrivée de la Birds of Prey, je m'assois sur le fauteuil de leader avec mon dossard 15. Débute alors une très longue attente. Me voilà deuxième, puis troisième...

Heureusement la série s'arrête là. Je réalise enfin l'un de mes rêves d'enfant : ma première médaille mondiale. Une grande fierté.

Exaltant ! ! !

A Saint-Moritz en 2017, les résultats n'ont pas été au rendez-vous des attentes de notre groupe de descendeurs. Et encore moins des miennes. Je n'ai pas su trouver de solutions techniques et matérielles pour performer sur cette neige agressive.

Le réveil est arrivé, un peu tard malheureusement, avec ma 2e place dans la descente du Super Combiné. Mais au final, je termine 9e après un slalom disputé dans des conditions d'un challenge des moniteurs.

Attristant ! ! !

En 2019, les Mondiaux sont de retour à Åre en Suède. Je fais un très bon Super-G avec une 5e place. La descente qui suivra sera un véritable cauchemar. Neige et mauvais temps sont au rendez-vous.

Hannes Reichelt, dossard 1, ne se présente pas au tirage au sort afin d'être « sanctionné » d'un dossard plus élevé. Dossard 2, je suis donc le premier à m'élancer. Perdu d'avance, je fais le chasse neige. Jamais cette course n'aurait dû se dérouler.

Navrant ! ! !

En janvier 2020, je me blesse à l'entraînement. Ma saison est terminée. Les mois qui suivent sont marqués par de longues séquences de réathlétisation. Malgré tous mes efforts, je n'arrive pas à retrouver le niveau suffisant pour espérer me qualifier pour les Mondiaux de Cortina d'Ampezzo en 2021.

Décevant ! ! !

Ainsi, ces quelques anecdotes vous montrent que tout peut arriver lors de Championnats du monde.

Avant de vous élancer dans la lecture de 12 belles histoires de médailles d'or choisies par Michel Roche dans ce livre, je veux vous dire combien la performance d'un skieur de haut niveau est aussi celle de l'équipe qui l'entoure.

Celle des coachs, des techniciens ski, des préparateurs physique et mental, des médecins, kinés... C'est toute une équipe qui rend la performance possible en ski alpin. Les médailles en deviennent alors encore plus belles avec de grands moments de célébrations et de joies.

A l'heure où j'écris ces lignes, je suis hélas de nouveau blessé. Pour autant, mon rêve de Championnats du monde n'est pas encore éteint. Même si je suis lucide sur le long chemin à parcourir pour revenir au plus haut niveau.

Avec la perspective de Courchevel-Méribel 2023 en ligne de mire...

Adrien Théaux

LE JOUR D'AVANT

Inoubliable et légendaire

Portillo, Août 1966

Lorsque le vol Air France se pose en ce matin de juillet 1966 sur l'aéroport de Santiago du Chili, les visages des athlètes de l'équipe de France de ski alpin sont souriants et ce, malgré le long voyage qu'ils viennent d'effectuer.

C'est la première fois que des Championnats du monde sont organisés dans l'hémisphère Sud. Du 5 au 14 août 1966, la station de sports d'hiver de la cordillère des Andes, Portillo, accueille l'élite mondiale du ski alpin à 2 870 mètres d'altitude sur les bords de la Laguna del Inca.

Riche de grands talents, l'équipe de France arrive au Chili très bien préparée. Sous l'impulsion d'Honoré Bonnet, Directeur de l'équipe de France, une préparation très équilibrée entre physique, technique et psychologie a été mise en place.

L'entraînement des athlètes a été très intense à partir d'avril, que ce soit au niveau physique à Briancon ou à ski, sur les glaciers de l'Alpe d'Huez et Val d'Isère.

Se rajoutent à cette préparation des séances quotidiennes de yoga pour soigner la concentration.

L'esprit d'équipe a aussi été travaillé. Garçons et filles ont passé beaucoup de temps ensemble dans les stages en France, puis à Santiago du Chili pour s'habituer au décalage horaire, et enfin à Farellones, une station voisine de Portillo.

« *J'avais 16 ans et je découvrais tout. Il y avait beaucoup d'enthousiasme, d'énergie, et également de l'humour au sein du groupe* », se souvient Florence Steurer.

L'équipe de France apporte dans ses bagages quelques nouveautés sur la neige chilienne. A l'occasion de leur défilé lors de la cérémonie d'ouverture, les tricolores créent la surprise en dévoilant au monde entier une nouvelle combinaison une pièce.

A la demande d'Honoré Bonnet, Léo Lacroix a contribué, au printemps 1966, à sa conception avec les équipes Fusalp. « *Monsieur Bonnet m'a envoyé avec Rossat-Mignot faire des essais en soufflerie au Centre National d'études et de recherches aérospatiales de Meudon. C'est là qu'on s'est rendu compte que nos anoraks flottaient et nous faisaient perdre de la vitesse* », explique Léo Lacroix.

Pour la première fois également, l'équipe de France dispose de deux préparateurs de skis, envoyés par les marques Dynamic et Rossignol. Michel Arpin a fait le déplacement pour s'occuper des skis Dynamic, et notamment ceux de Jean-Claude Killy.

Les équipes nationales sont logées dans l'hôtel Portillo, véritable paquebot de 400 mètres de long, que de nombreux athlètes connaissent déjà.

Lors des pré-mondiaux organisés l'année précédente, certains d'entre eux n'avaient pas quitté l'hôtel en raison d'une météo exécrable.

Jean-Claude Killy, Léo Lacroix, Marielle Goitschel et Madeleine Bochatay, qui avaient fait le choix à ce moment-là d'une tournée en Australie et en Nouvelle Zélande, n'auront aucun regret.

A Portillo, les filles logent dans un grand chalet rond installé en face de l'hôtel. Dans une chambre très spartiate équipée avec 4 lits superposés, on retrouve Marielle Goitschel, Annie Famose, Christine Béranger et Florence Steurer.

L'ambiance dans le groupe est entretenue par Marielle qui n'hésite pas un seul instant à chambrer ses voisines et concurrentes. « *Marielle avait mis un message sur notre porte « Ici dort la meilleure équipe du monde ». Les Autrichiennes, qui logeaient quelques chambres plus loin, arrachaient régulièrement ce message que Marielle réinstallait à chaque fois* », raconte en souriant Florence Steurer.

Les filles ouvrent le bal

Après plusieurs jours d'entraînement, il est grand temps que la compétition démarre. C'est chose faite le 5 août avec le slalom dames. Tracé sur la piste Garganta par l'entraîneur de l'équipe féminine autrichienne Hermann Gamon, le départ du slalom est donné sous un grand ciel bleu et par une température de -15°C.

Les Françaises vont devoir compter avec la Canadienne Nancy Green, les Américaines Wendy Allen et Penny McCoy et les Autrichiennes Christl Haas, Trandl Hecher et Grete Digruber.

Dès le dossard 4, on rentre dans le vif du sujet. Avec son style rythmé et très beau à regarder, Nancy Green négocie parfaitement le passage des portes. Pour sa première participation à des Championnats du monde, elle signe le meilleur temps provisoire.

Annie Famose s'élance juste derrière elle. Depuis son arrivée à Portillo, la jeune Pyrénéenne a réalisé les meilleurs chronos aux entraînements. Elle attaque avec conviction chacune des portes avec juste ce qu'il faut comme risques. C'est du bon ski, même si ses virages sont un peu marqués. Annie Famose réussit le 2e chrono à 38 centièmes de la Canadienne.

Avec son dossard 9, Marielle Goitschel est indéniablement l'une des grandes favorites. La saison précédente, elle a dominé la discipline du slalom. « *Dans toutes les grandes occasions, même lorsqu'elle n'est pas en grande forme, la rage de vaincre de Marielle lui permet de se détacher très nettement* », rappelle Jean Béranger, entraîneur du groupe dames, dans les colonnes de L'Equipe.

Dès le départ, elle aborde les portes avec beaucoup d'assurance. Mais c'est insuffisant : elle réalise le troisième temps à 1 seconde de Nancy Green.

Chez les Autrichiennes, la déception est grande. Le tracé de leur entraîneur ne les a guère favorisées puisque la meilleure d'entre elles est douzième !

Les départs sont inversés en deuxième manche. Marielle Goitschel est en piste. Son ski est beaucoup plus engagé qu'en première manche. Elle semble accélérer jalon après jalon. Quand elle coupe la ligne, la skieuse de Val d'Isère prend la tête. Elle ne le sait pas encore, mais elle va signer le meilleur chrono de la manche.

Dans le portillon de départ, Annie Famose est tout sourire et incroyablement décontractée. Comme si elle connaissait déjà la partition à jouer dans cette ultime manche. Elle s'élance avec une grande détermination, franchit les portes au plus près, tout en prenant appui sur ses bâtons. A l'arrivée, malgré un retard de 13 centièmes par rapport à Marielle Goitschel, Annie Famose prend la tête du slalom avec une avance de 47 centièmes au total des deux manches.

Reste à attendre le passage de Nancy Greene. La Canadienne doit attaquer et prendre des risques si elle veut conserver sa première place. Son départ est très rapide mais à la 11e porte, elle chute. Elle se relève très vite mais toutes ses chances viennent de s'envoler. Greene se classe à une décevante 9e place.

Dans ce second run, Penny McCoy, une étudiante américaine de 16 ans, réussit une très belle remontée. Septième en première manche, elle prend la troisième place de ce slalom.

Annie Famose est championne du monde de slalom. Sur le podium, toute souriante, elle reçoit des mains de Marc Hodler, Président de la FIS, la première médaille d'or de ces Mondiaux. A ses côtés, Marielle Goitschel reçoit la médaille d'argent. Christine Béranger est 6e et Florence Steurer, déçue de sa course, termine 15e.

L'équipe de France vient de rentrer de la plus belle des manières dans l'histoire de ces Mondiaux. Ce doublé constitue un formidable déclic pour la suite des compétitions.

Grosses bosses sur la Rocca Jack

Depuis plusieurs jours, les hommes s'entraînent sur la Rocca Jack, la piste de descente de Portillo. Jean-Claude Killy et Léo Lacroix signent d'excellents chronos.

Ces entraînements sont marqués par la grosse chute de l'américain Billy Kidd. Sans doute trompé par un changement de lumière, l'Américain négocie mal le passage du saut du tunnel et chute. Le verdict est terrible : double fracture à une jambe !

Le grand jour de la descente, épreuve reine de tout Championnat du monde, est arrivé. Lorsqu'ils se réveillent ce 7 août dans leur dortoir, Killy et Lacroix échangent un regard, sans un mot.

Ils reparleront après la course de cet instant où ils ont eu cette pensée réciproque « *Est-ce que c'est toi ou moi qui va gagner aujourd'hui ? Car personne d'autre ne peut nous battre !* ».

La visibilité est parfaite. Le départ est donné à l'altitude de 3 315 mètres. D'une longueur de 2600 m, la Rocca Jack, c'est d'abord un mur raide de 35° suivi de grandes courbes à négocier à grande vitesse. Puis plusieurs grandes lignes droites propices à la position de recherche de vitesse.

C'est aussi, de haut en bas, quatre grosses bosses sur lesquelles il faut éviter de s'envoler ! L'arrivée est installée au Juncalillo à 2 425 m d'altitude et le moins que l'on puisse dire, c'est que ce tracé est sélectif.

Les tricolores ne partent pas favoris, loin s'en faut ! Ce sont en effet les Autrichiens qui dominent cette discipline depuis plusieurs années. Mais la « Rocca jack » est très rapide, ce qui n'est pas pour déplaire à Léo Lacroix.

Il a en effet établi en mars, dans le cadre de la semaine internationale de Courchevel, la plus grande vitesse moyenne jamais enregistrée sur une descente officielle. Sur la piste Jean Blanc, remarquablement préparée,

Lacroix a été le plus rapide avec une moyenne étonnante de 102,24 km/h. Véritable révélation de cette descente, Jean-Claude Killy s'est classé 4e.

Les descendeurs sont dans l'aire de départ. Killy et Lacroix ont fait le choix de skis en fibre de verre de 2m25 de long. « *Parce que des skis en fibre se tiennent bien mieux sur une neige dure que des skis métalliques* » explique Léo Lacroix. L'Autrichien Karl Schranz est le seul autre skieur à s'élancer également avec des skis en fibre.

Léo Lacroix connaît mieux que quiconque ses skis. Il les a lui-même fabriqués pour ces Mondiaux et a obtenu l'autorisation de les utiliser. Des skis très performants puisque Lacroix réussira à battre Killy à la fin 1966 chez lui à Val d'Isère, lors de la descente du Critérium de la première neige !

Jean-Claude Killy est dans le portillon de départ. Il a scotché son dossard 3 sur sa combinaison quelques instants auparavant. Sa descente est impressionnante d'efficacité. Le skieur de Val d'Isère domine avec une grande aisance toutes les difficultés de la Rocca Jack. Il réalise le meilleur chrono avec une vitesse moyenne de plus de 100 km/h.

Quelques minutes plus tard, Léo Lacroix s'élance. Il prend très rapidement la position de recherche de vitesse. « *Je voulais tellement gagner que dès que j'ai pris ma position de recherche de vitesse, je n'ai plus voulu la quitter* » se souvient Léo Lacroix. Il aborde le schuss d'arrivée et coupe la ligne avec le 2e temps, à 39 centièmes de Killy.

Personne n'arrive ensuite à battre les chronos de Killy et Lacroix. Pas même l'Autrichien Karl Schranz qui termine à plus de 2 secondes de Killy. « *Jean-Claude a été meilleur que moi, mais cela s'est joué à rien du tout. Peut-être me suis-je trop déployé en volant un peu trop loin sur une des bosses à mi-parcours* », commente Léo Lacroix. Avec le dossard 22, l'Allemand Franz Vogler complète le podium.

L'équipe de France vient de réussir un formidable nouveau doublé à Portillo. Pour Jean-Claude Killy, il s'agit de sa première victoire en descente de sa carrière ! Pierre Stamos 5e et Bernard Orcel 6e complètent le succès français.

La fête aurait pu être encore plus belle si Guy Périllat n'avait pas chuté juste avant la ligne d'arrivée alors qu'il allait se classer dans les toutes premières places.

Les filles de l'équipe de France célèbrent avec eux ce succès tricolore dans l'aire d'arrivée. « *On s'encourageait mutuellement. La descente des garçons est mon meilleur souvenir. L'ambiance à l'arrivée était très joyeuse et a motivé la troupe pour la suite !* », précise Florence Steurer.

Tout schuss vers un troisième doublé

Dès ce moment de ferveur retombé, les filles participent à l'entraînement pour préparer la descente du lendemain. Les chronométrages confirment la bonne forme des Françaises, notamment Marielle Goitschel. C'est toutefois l'Autrichienne Erikka Schinegger qui est la plus rapide durant cette « non-stop ».

Le départ de la descente dames est donné par grand beau temps. La piste est très rapide et les skieuses vont flirter avec les 90 km/h de moyenne.

Nancy Greene s'élance avec le dossard 1. Sur une grosse bosse, elle fait une faute. A l'atterrissage, ses skis se croisent et c'est une chute spectaculaire. Nouvelle désillusion pour la Canadienne qui décidemment n'arrive pas à franchir les lignes d'arrivée de Portillo.

Depuis longtemps, les Françaises sont éloignées des podiums en descente. Annie Famose, dossard 4, a un style très propre, notamment dans les courbes qu'elle prend à grande vitesse. En position de recherche de vitesse dès qu'elle le peut, la Française va vite et prend la tête.

Championne olympique à Innsbruck en 1964, l'Autrichienne Christl Haas est une candidate à la victoire finale. Elle s'élance en 7e position et ne parvient pas à aller aussi vite qu'Annie Famose. La tenante du titre est battue de 45 centièmes.

L'Allemande Burgl Faerbinger réalise ensuite une très belle performance et signe le 2e chrono provisoire.

Avec son dossard 11, Marielle Goitschel est au départ. Elle s'élance et pratique son meilleur ski. La skieuse de Val d'Isère fait une véritable démonstration et prend le commandement de la descente avec une seconde d'avance sur Annie Famose.

C'est au tour de la jeune prodige de 18 ans, Erika Schinegger, de s'élancer. Son haut de parcours est impressionnant. Après une minute de course, l'Autrichienne compte déjà plus d'une seconde d'avance sur Marielle Goitschel.

Mais elle faiblit sur la dernière partie très rapide du tracé, là où Marielle a été exceptionnelle. Son avance est toutefois suffisante pour qu'elle coupe la ligne devant Marielle Goitschel et Annie Famose, respectivement deuxième (0"79) et troisième (1"73).

Ce très bon résultat en descente de Marielle Goitschel et Annie Famose les installent désormais comme grandes favorites du combiné.

Imbattable sur cette piste, Erika Schinegger est championne du monde de descente ... mais l'histoire ne s'arrête pas là.

Durant l'hiver 1967, un test médical démontre qu'Erika Schinegger est un homme ! Le classement de la descente dames de Portillo est révisé vingt ans plus tard en novembre 1988 et le titre de championne du monde est attribué à Marielle Goitschel.

Ce n'est qu'en 1996, lors du trentième anniversaire de ces Mondiaux historiques de Portillo, que Marielle reçoit officiellement à Val d'Isère sa médaille d'or des mains de Marc Hodler.

Une grande première en géant

Le slalom géant hommes est très attendu. C'est en effet la première fois qu'il se dispute sur deux manches et sur deux jours. Deux ans plus tôt à Innsbruck, c'est François Bonlieu qui l'avait emporté devant Karl Schranz.

Le skieur de St Anton s'élance dans les premiers. Il skie très bien et signe le premier temps de référence avec 1'37"64. Avec le dossard 6, Guy Périllat fait encore mieux que Schranz et le devance de 21 centièmes.

Quand Killy s'approche du portillon de départ, on se demande dans quel état d'esprit il va aborder ce géant après sa victoire historique en descente. Dès les premières portes, on connaît la réponse. Il est à l'attaque et remporte la première manche avec 21 centièmes d'avance sur Guy Périllat.

Juste derrière les deux Français, on trouve l'Autrichien Karl Schranz (0"42) et le Suisse Tischhauser (0"74). Le skieur de Méribel, Georges Mauduit, se classe 6e.

La deuxième manche s'annonce spectaculaire et passionnante. Les Français sont favoris mais prudence, car les écarts sont très réduits.

Elle est tracée sur une autre piste que celle empruntée la veille. Le début du parcours est facile et tournant, mais débouche ensuite sur un mur très pentu situé entre deux barres rocheuses.

Diminué en raison d'une indisposition intestinale, Killy ne va pas pouvoir disputer sa chance. Il est en effet hors du coup sur le haut du parcours et termine tout de même à une belle place d'honneur, 5e de ce slalom géant.

Avec son dossard 8, Georges Mauduit réalise une seconde manche exceptionnelle. Dans le mur, passage clé de la course, il reprend une seconde à Périllat et deux secondes à Schranz ! Mauduit réussit le meilleur temps de cette seconde manche et, grâce à cet exploit, passe de la sixième à la deuxième place.

Périllat va s'élancer. C'est le jour ou jamais pour faire oublier ses malchances du passé : sa chute aux Jeux Olympiques d'Innsbruck à quelques mètres de l'arrivée alors qu'il était largement en tête, sa blessure la saison dernière à Megève et sa chute, encore une fois juste avant l'arrivée, en descente ici à Portillo !

Sur le haut du parcours, Périllat est parfait et montre son meilleur ski dans la pente raide du mur. Il signe le meilleur temps avec 3'19"42 et est sacré champion du monde de géant.

Dans la seconde manche, Karl Schranz est à l'attaque. Il ne commet pas de fautes mais ses virages deviennent de plus en plus larges dans le mur. Schranz arrive à conserver sa troisième place et apporte la première médaille à l'Autriche dans ces Mondiaux.

Après les superbes performances d'Annie Famose et Marielle Goitschel en slalom et de Jean-Claude Killy et Léo Lacroix en descente, ce nouveau doublé de Guy Périllat et Georges Mauduit est une magnifique récompense pour la délégation française.

Il ne reste plus que deux épreuves, le slalom géant dames et le slalom spécial hommes. Sur les douze médailles mises en jeu depuis le début de ces Mondiaux, la France en a déjà remporté huit : trois en or, quatre en argent et une en bronze. La Razzia tricolore va-t-elle se poursuivre ?

Le triomphe de Marielle, l'exploit de Florence

Le slalom géant dames se déroule par mauvais temps et avec une visibilité dégradée. Tracé sur la piste Garganta, il se dispute sur une seule manche.

L'enjeu est important pour les Françaises qui jouent plusieurs médailles sur une seule course.

La piste du géant est raide dès le départ et la neige fraîche rend les virages difficiles à négocier. Avant de s'élancer, Marielle Goitschel et Florence Steurer s'entraînent à proximité de la piste afin de mieux s'habituer à ce jour blanc.

L'Autrichienne Heidi Zimmermann signe un excellent chrono et occupe la première place provisoire au moment où Marielle Goitschel s'apprête à s'élancer. La skieuse de

Val d'Isère est prévenue, elle va devoir pratiquer son meilleur ski pour l'emporter. Elle réussit un début de parcours extraordinaire. Dans le mur, elle creuse rapidement l'écart et ce sera suffisant pour lui permettre de couper la ligne avec une seconde et deux dixièmes d'avance sur Heidi Zimmermann !

Déçue après son résultat en slalom, Florence Steurer sait qu'elle a un bon coup à jouer. Pendant l'hiver précédent, elle a remporté le slalom géant de Stowe dans le Vermont aux Etats-Unis. La skieuse de St Gervais sait qu'elle peut réussir une grosse performance. Mais son dossard 10 ne joue pas en sa faveur. La neige fraîche la dérange car cela signifie que la piste va très vite s'abîmer.

A seize ans et demi, pour ses premiers Championnats du monde, Florence réussit une performance retentissante. Malgré quelques petites fautes sur le haut du parcours, elle termine avec le 3e temps.

« Ce n'est que lorsque j'ai réussi à prendre plus de vitesse que j'ai senti que j'avais trouvé un bon rythme. Ma fin de parcours s'est bien déroulée, j'ai mis toutes mes forces sur cette fin de géant », se souvient Florence Steurer.

Marielle Goitschel conserve son titre remporté à Innbruck deux ans plus tôt et est sacrée championne du monde de géant.

Heidi Zimmermann et Florence Steurer la rejoignent sur le podium. *« J'étais très heureuse de pouvoir participer à cette joie collective, et de rejoindre sur le podium Marielle qui, avec Christine et Annie, étaient mes idoles de jeunesse »*, précise Florence Steurer.

Annie Famose complète ce joli tir groupé des skieuses tricolores en prenant une belle 5e place.

Les résultats de ce slalom géant permettent aussi d'attribuer le titre du combiné. Récompensant les skieuses et skieurs les plus polyvalents, c'est à l'époque un peu une « discipline sur papier » où l'on ajoute les performances dans les trois disciplines pour déterminer le vainqueur.

C'est donc fort logiquement que Marielle Goitschel est sacrée championne du monde du combiné au regard de ses magnifiques résultats en descente, géant et slalom.

Annie Famose, 2e, et l'Autrichienne Heidi Zimmermann, 3e, viennent compléter ce dernier podium dames à Portillo. En une seule journée de course, les Françaises viennent de doubler la mise en portant de 4 à 8 médailles leur score à Portillo.

Finir en beauté

Place aux skis raccourcis de 2m07 avec le slalom hommes, dernière course des Mondiaux. Comme chez les dames, il est doublement important puisqu'il va également attribuer le titre du combiné.

Un nouveau règlement de la Fédération Internationale de Ski prévoit l'organisation d'éliminatoires la veille du slalom pour limiter à 30 le nombre de skieurs au départ de la course.

Ces éliminatoires se disputent sur deux manches et c'est la meilleure d'entre elles qui est prise en compte. Cinq Français sont au départ : Jean-Claude Killy, Jules Melquiond, Léo Lacroix, Guy Périllat et Louis Jauffret.

Jules Melquiond est l'un des meilleurs spécialistes au monde en slalom. En première manche de ces éliminatoires, la pointe de sa spatule accroche l'un des piquets du tracé et il tombe. Victime d'une entorse de la cheville, il voit tous ses espoirs de médaille s'envoler. Il repartira de Portillo avec un plâtre de marche au pied gauche !

Le lendemain, c'est sous un grand soleil que se déroule le slalom. Côté Français, il faut jouer tactique car les médailles du combiné sont importantes.

Honoré Bonnet demande ainsi à Léo Lacroix de « lever le pied » pour assurer la médaille. Par contre, il ne dit rien à Killy qui adopte, lui aussi, une attitude de prudence, notamment en deuxième manche.

Bengt Erik Grahn crée la sensation de la première manche. Le skieur suédois signe en effet le meilleur temps avec près de 2 secondes d'avance sur Guy Périllat deuxième, qui a réussi une excellente manche.

Autre surprise : le Canadien Rod Hebron, totalement inconnu avec son dossard 27, se classe 3e de la manche.

Contracté sur le haut de parcours, Louis Jauffret se reprend sur le bas mais ne termine que 9e. Karl Schranz n'est pas en réussite dans cette manche. Il tombe et se blesse. C'est d'ailleurs l'hécatombe pour les Autrichiens avec 4 slalomeurs sur 5 qui chutent.

La deuxième manche s'annonce indécise après toutes les surprises de la première. Rod Hebron s'élance et, dès la troisième porte, part à la faute dans la pente !

Non concerné par le combiné, Louis Jauffret effectue une magnifique danse entre les piquets et réalise le meilleur chrono de la manche. Un véritable exploit qui lui permet de décrocher la troisième place, synonyme de médaille de bronze.

Jean-Claude Killy et Léo Lacroix ne prennent pas de risques excessifs, l'important pour eux étant de se classer pour remporter l'or et l'argent du combiné.

Guy Périllat est prudent dans cette seconde manche. Il est battu de 3 secondes par Jauffret sur la manche mais reste en tête au total des deux manches.

Grahn, meilleur chrono de la première manche, est en piste. Il laisse une impression de vitesse et de facilité. Soudain, il enfourche et se retrouve plusieurs mètres en contre-bas.

Portillo vient de s'arrêter brutalement pour le Suédois qui volait sans doute vers la victoire !

On n'est pas encore au bout des surprises. L'Italien Carlo Senoner crée l'évenement à Portillo. Sa deuxiéme manche est exceptionnelle et il devance Périllat de 7 dixièmes de secondes.

Quatorze ans après le titre de champion olympique de Zeno Colo aux Jeux Olympiques d'hiver à Oslo, l'Italie s'offre avec Carlo Senoner une nouvelle médaille d'or en ski alpin.

Guy Périllat, 2e, et Louis Jauffret, 3e, sont sur le podium de ce slalom. Les résultats du combiné sont désormais connus : Jean-Claude Killy est champion du monde devant Léo Lacroix, l'Allemand Ludwig Leitner prenant la 3e place.

Un record de médailles

Les Mondiaux de Portillo s'achèvent sur un record. L'équipe de France remporte 16 médailles sur les 24 possibles, dont 6 médailles d'or sur 8.

Jamais une équipe nationale n'avait réalisé une telle performance d'ensemble.

Le record des Autrichiens de 1962 à Chamonix de 15 médailles est en effet battu. Ces mêmes Autrichiens repartent de Portillo avec seulement 3 médailles !

C'est le moment de la célébration. Honoré Bonnet avait promis de sauter dans la piscine si l'équipe de France remportaient les deux dernières médailles du combiné. *« Une fois que ce fut chose faite, « Monsieur Bonnet » sauta dans la piscine dont on avait baissé le niveau de l'eau au préalable ! »*, raconte Léo Lacroix.

Comment résumer le plus simplement possible cette « French Razzia of French Victories » comme le titrait si justement le Washington Post dans son édition au lendemain de Portillo ?

« Nous étions vraiment une équipe de copains qui s'encourageait et se félicitait course après course. On était dans un autre monde, », explique Léo Lacroix.

Avant d'ajouter : « Ce qui s'est passé à Portillo en 1966 a été exceptionnel. Sur les huit podiums à Portillo, il y avait toujours des français. On a ramené 16 médailles sur les 24 possibles ! ».

Florence Steurer garde également un très bon souvenir de toute cette période, depuis le début des stages en juin jusqu'à la fin des championnats à mi-août.

« Nous avions une vie d'équipe difficile par l'intensité de l'entraînement et des compétitions », explique Florence Steurer. Avant dajouter : *« Mais une vie en dehors de la « vraie vie », un moment hors du temps durant lequel toute l'équipe de France n'avait qu'un seul objectif : gagner ! »*,

Sur le chemin du retour

Après cette moisson de médailles, l'équipe de France reprend le chemin du retour et, un peu comme dans un slalom, ne choisit pas la ligne droite.
Le groupe s'arrête d'abord à Santiago du Chili puis rejoint le Brésil, Rio de Janeiro et Brasilia, avant de séjourner à Acapulco. Repos et détente bien mérités pour nos tricolores.

Pour quatre d'entre eux, la suite du voyage va prendre une magnifique tournure. Le Général de Gaulle a en effet souhaité que les plus médaillés d'entre eux fassent le voyage de retour à bord du paquebot France.

C'est ainsi que Marielle Goitschel, Jean-Claude Killy, Léo Lacroix et Guy Périllat embarquent à New York pour une traversée fabuleuse de 5 jours en cabine 1e classe.

Une classe un peu trop classe pour les deux plus jeunes qui n'hésiteront pas à aller fêter leurs belles médailles... dans la boîte de nuit de la 2e classe !

A l'arrivée, nos 4 champions n'ont pas été prévenus de ce qui les attendait pour leur retour en France. C'est en effet une foule immense qui s'est massée sur les quais du Havre...

Pour réserver aux légendes du ski alpin français un accueil inoubliable à la hauteur des performances qu'ils ont accomplies à Portillo.

Palmarès des Championnats du monde de ski alpin de Portillo en 1966

Palmarès hommes

EPREUVES	OR	ARGENT	BRONZE
DESCENTE	Jean-Claude KILLY	Léo LACROIX	Franz VOGLER
GEANT	Guy PERILLAT	Georges MAUDUIT	Karl SCHRANZ
SLALOM	Carlo SENONER	Guy PERILLAT	Louis JAUFFRET
COMBINE	Jean-Claude KILLY	Léo LACROIX	Ludwig LEITNER

Palmarès femmes

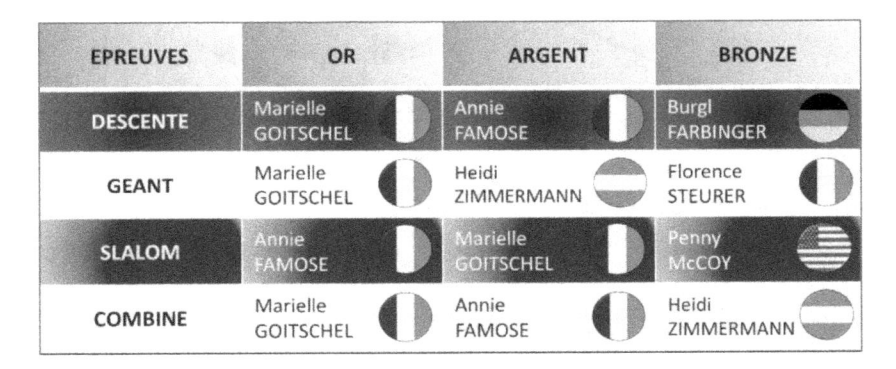

EPREUVES	OR	ARGENT	BRONZE
DESCENTE	Marielle GOITSCHEL	Annie FAMOSE	Burgl FARBINGER
GEANT	Marielle GOITSCHEL	Heidi ZIMMERMANN	Florence STEURER
SLALOM	Annie FAMOSE	Marielle GOITSCHEL	Penny McCOY
COMBINE	Marielle GOITSCHEL	Annie FAMOSE	Heidi ZIMMERMANN

Le Combiné alpin...

en 12 lignes

Une course pour skieurs polyvalents

Née en 1932 à Cortina d'Ampezzo en Italie, la discipline du combiné alpin associe une manche de vitesse (Descente ou Super-G) à une manche technique (Slalom).

Les deux courses se disputent le même jour. C'est le skieur qui a été le plus rapide en vitesse qui s'élance le premier lors de la manche de slalom.

Le vainqueur est le skieur qui réussit le meilleur temps global grâce à sa vitesse et sa technique, récompensant ainsi la polyvalence.

Au fil des années, cette discipline est malheureusement devenue de plus en plus rare dans les différents programmes de Coupe du monde.

JOUR 1

Une deuxième manche d'anthologie

Vail, 8 février 1999

Lorsque Pernilla Wiberg arrive à Vail, début février 1999, pour disputer ses quatrièmes Championnats du monde, son palmarès est déjà bien rempli. La championne de Norrköping (Sud de la Suède) est en effet une habituée des grands rendez-vous du ski alpin mondial.

Spécialiste du géant et du slalom, Pilla, comme on la surnomme, est l'une des rares skieuses au monde à avoir gagné dans chacune des cinq disciplines du ski alpin.

Elle est également la première et la seule skieuse suédoise à avoir remporté en 1997 le classement général de la Coupe du monde avec un total de neuf victoires durant la saison.

Pernilla Wiberg a déjà accroché bon nombre de médailles à son cou : trois à l'occasion des Jeux Olympiques d'hiver à Albertville en 1992 avec l'or en géant, à Lillehammer en 1994 avec l'or en combiné et à Nagano en 1998 avec l'argent en descente. Elle a également déjà remporté trois titres de championne du monde.

Sa première médaille d'or dans des Mondiaux de ski alpin, Pernilla la remporte en 1991 à Saalbach en Autriche. Septième à l'issue de la première manche du géant, elle effectue ensuite une superbe remontada qui la propulse sur la plus haute marche du podium.

En 1997, aux Championnats du monde de Sierra Nevada en Espagne, qui ont été retardés d'une année par manque de neige, elle s'aligne dans toutes les courses et remporte deux nouveaux titres, en slalom et en combiné.

Depuis le début de la saison 1998/1999, la skieuse Suédoise ne compte qu'une seule victoire en Coupe du monde obtenue début janvier 1999 en slalom à Maribor en Slovénie.

Sa préparation pour ces Mondiaux 1999 est assez particulière car Pernilla ne s'entraîne pas avec l'équipe nationale suédoise ! *A ce moment-là, je m'entraînais avec l'équipe féminine norvégienne car l'équipe suédoise n'avait pas accepté que je vienne à Vail avec mon petit ami qui avait longtemps été entraîneur de ski pour l'équipe norvégienne ! Je me sentais vraiment bien avec les filles de l'équipe de Norvège*, explique Pernilla.

Située dans le Colorado, à 190 kilomètres de Denver, Vail est une station de ski qui se niche à 2485 mètres d'altitude. Pour se mettre dans les meilleures conditions durant ces Championnats du monde de Vail, Pernilla fait un choix important pour son hébergement.

Elle prend la décision de s'installer avec son ami dans un chalet tenu par un charmant couple d'américains, et situé à proximité de la piste où se dérouleront les courses.

« On a vécu chez eux durant toute la durée des championnats du monde. Je pense que c'est l'une des raisons de mon succès. Je pouvais skier directement depuis le chalet. Pour rejoindre le téléski situé en

contrebas, cela ne me prenait que 30 secondes », se souvient Pernilla.

En ce début février 1999, il fait froid, très froid à Vail. Le thermomètre flirte avec les - 20°C et le ressenti est encore plus froid au moment des courses.

Ce qui ne gêne en rien les performances des skieuses autrichiennes qui raflent tout depuis le début des compétitions.

Elles ont en effet déjà remporté trois médailles sur trois dans la course d'ouverture, le Super-G. Puis elles réussissent à nouveau le triplé en descente ! « *Nous avons de très bonnes filles dans notre équipe. Cela aide beaucoup* », indique au Vail Daily Renate Goetschl, qui compte déjà deux médailles à son actif, l'or en descente et l'argent en Super-G.

Cette insolente domination de la « Wunder Mannschaft » ne demande qu'à se poursuivre dans l'épreuve du combiné. Tenante du titre depuis sa victoire à Sestrières en 1997, Renate Goetschl est la grande favorite.

Les allemandes Hilde Gerg et Martina Ertl sont aussi des prétendantes dans la course aux médailles. Tout comme la skieuse de Chamrousse, Florence Masnada, qui dispute ses derniers Championnats du monde.

Quant à Pernilla Wiberg, elle aborde avec sérénité ces Mondiaux : « *Je suis en très bonne forme et mon objectif, c'est de remporter des médailles* ».

Pour la première fois dans l'histoire des Championnats du monde, toutes les épreuves du combiné se déroulent durant la même journée. Avec, au programme, une descente suivie de deux manches de slalom.

Tout démarre par une épreuve de vitesse qui se déroule sur l'Internationale. C'est une piste que les championnes connaissent bien pour l'avoir skié à de multiples reprises.

Disputée sur une neige très froide et très accrochante, la course ne comporte pas de difficultés majeures si ce n'est un gros saut plutôt bien apprécié par les descendeuses.

Depuis le début de la saison, Goetschl a obtenu de très bons résultats en descente. Elle compte à son actif un doublé à Lake Louise et un podium à Veysonnaz.

Signe de sa grande forme en vitesse, elle a remporté le Super-G de Cortina d'Ampezzo disputé un peu avant l'ouverture de ces Mondiaux de Vail.

Sans surprise, c'est elle la plus rapide sur l'Internationale. Elle devance ses deux compatriotes Stefanie Schuster et Michaela Dorfmeister.

Pernilla Wiberg termine au 6e rang et concède à l'Autrichienne pas loin d'une seconde et demi, Florence Masnada est 7e à presque deux secondes !

Cette descente est marquée par la chute impressionnante de la jeune skieuse Tchécoslovaque Lucie Hrstkova qui se relève miraculeusement sans la moindre égratignure.

Place au slalom en début d'après-midi. Avant la première manche, les pronostics vont bon train. On semble bien parti pour une nouvelle démonstration des skieuses autrichiennes. Mais on va assister à un tout autre scénario !

C'est d'abord Florence Masnada qui frappe un grand coup en réussissant l'exploit de cette première manche. Sur un tracé pourtant très difficile, elle claque un run exceptionnel. Elle devance l'Autrichienne Brigitte Salvenmoser et la Norvégienne Trude Gimle.

La Française a fait depuis le début de la saison un choix technique osé mais qui s'avère payant. Elle est en effet la première à utiliser des skis courts et paraboliques. « *Tout le monde utilisait des skis de 185 cm et moi j'avais choisi depuis le début de la saison des skis de 168 cm, développés par Salomon avec de jeunes skieurs des Arcs et Stéphane Sorrel. Le slalom redevenait un jeu, ça tournait tout seul... J'ai lancé la mode des skis courts à ce moment-là !* », se souvient Florence Masnada.

Pernilla Wiberg a l'expérience des courses de combiné. Elle sait que le retard qu'elle a concédé en descente par rapport à Goetschl n'est pas insurmontable.

Dans sa discipline de prédilection, sa première manche est tout en assurance et la Suédoise signe le cinquième chrono.

Sans doute a-t-elle encore dans son souvenir sa mésaventure des Jeux Olympiques de Nagano et son abandon en slalom dès la première manche !

Goetschl termine 7e de cette première manche et voit l'écart avec la meute de ses poursuivantes se réduire. Les positions avant l'ultime manche de slalom s'établissent ainsi : Goetschl est en tête.

En embuscade, on trouve Hilde Gerg, Pernilla Wiberg, Florence Masnada et Janica Kostelic. Rien n'est joué, tout reste à faire : c'est la beauté du combiné !

Avant d'aborder sa seconde manche de slalom, « Pilla » est très confiante sur ses chances de succès « *Comme j'avais remporté de nombreuses victoires et médailles en combiné auparavant, ma confiance était très élevée. Et l'écart de temps avec* **Goetschl** *après la descente était loin d'être insurmontable* », explique Pernilla Wiberg.

C'est d'abord la Croate Janica Kostelic qui allume du vert et prend la tête. Puis l'Autrichienne Michaela Dorfmeister qui prend le commandement avant que la Norvégienne Trude Gimle ne fasse de même.

C'est au tour de Pernilla Wiberg de se présenter dans le portillon de départ. En slalom, la Suédoise a un ski engagé, très physique, très précis et qui s'adapte à toutes les conditions de neige et de tracés. Malgré quelques petites fautes qui sont sans conséquences, le ski de Pilla fait merveille. Elle claque une manche d'anthologie et prend la tête.

Dans la cabane de départ, elles ne sont plus que trois. C'est d'abord la talentueuse Hilde Gerg qui s'élance sans arriver à renverser la situation. Ensuite place à Florence Masnada qui ne réussit pas à hausser le niveau comme dans sa première manche magique.

Et enfin Renate Goetschl, seule à pouvoir désormais détrôner Pernilla Wiberg. Mais elle ne peut rien faire contre celle qui a déjà remporté bon nombre de victoires entre les piquets. Renate Goetchl frôle d'ailleurs la chute dans cette deuxième manche et ne réussit qu'un temps de 43"52.

Pernilla Wiberg gagne et devient championne du monde du combiné. Renate Goetschl termine à 15 centièmes de la Suédoise et doit se contenter de la médaille d'argent. À 45 centièmes de la médaille d'or, Florence Masnada offre à la France le bronze, ce qui sera la seule médaille de la délégation tricolore décimée par des chutes et des blessures.

Pernilla Wiberg a fait parler son expérience dans cette manche décisive. Elle a construit son succès dans sa discipline forte, le slalom. « *Je ne sais pas si ma deuxième manche a été la meilleure de ma vie, mais je me souviens que j'ai adoré cette piste de Vail car la dernière partie était assez similaire à ma piste d'origine Yxbacken à Norrköping. Avec une neige dure et verglacée* », commente Pernilla Wiberg.

Après l'or du combiné, Pernilla remporte cinq jours plus tard l'argent en slalom clôturant ainsi de belle manière ses Championnats du monde dans le Colorado.

Et pourtant, elle conserve encore aujourd'hui des sentiments mitigés de ses Mondiaux de 1999. La raison ? Aucun représentant de l'équipe suédoise n'a assisté aux deux cérémonies de remise de ses médailles !

« *A l'époque, les entraîneurs de l'équipe suédoise de ski n'étaient pas très contents que je m'intègre à 100% à l'équipe norvégienne et que cela fonctionne aussi bien* », explique Pernilla Wiberg.

Qu'importe, car toute l'équipe norvégienne et le public de connaisseurs à Vail ont beaucoup applaudi Pilla à leur place !

Podium du combiné dames disputé à Vail le 8 février 1999 dans le cadre des Championnats du monde de ski alpin

Médaille d'or : **Pernilla Wiberg** (Suède) - 3'08"52
Médaille d'argent : **Renate Goetschl** (Autriche) - 3'08"67
Médaille de bronze : **Florence Masnada** (France) - 3'08"97

JOUR 2

Un accomplissement en or

Åre, 11 février 2019

Encore une fois, la « Ski World Cup Fan Community » a bien fait les choses pour ces Mondiaux 2019 organisés en Suède. Les bannières distribuées aux fans de ski par Lionel Agoutin sont bien en place ce lundi dans les tribunes glacées et un peu clairsemées d'Åre.

On peut lire sur ces bannières les noms des principaux prétendants au titre de Champion du monde du combiné alpin. Il y a l'Autrichien Marco Schwarz, vainqueur en janvier du combiné à Wengen.

Les noms des Français Victor Muffat-Jeandet et Alexis Pinturault, montés sur le podium dans la station Suisse, sont également très visibles. Mais aussi ceux des Suisses Luca Aerni et Mauro Caviezel, et bien entendu les noms des grands spécialistes de la vitesse que sont Dominik Paris, Vincent Kriechmayr ou encore Aleksander Aamodt Kilde. Il y a toutefois un grand absent au départ de ce combiné, l'Autrichien Marcel Hirscher, qui a décidé de faire l'impasse sur cette course.

Le dernier skieur français à avoir remporté le titre dans cette discipline n'est autre que Michel Vion, le Président de la Fédération Française de Ski.

Le skieur de Pralognan la Vanoise a connu son heure de gloire le 5 février 1982 à Schladming. Il remporte avec brio la médaille d'or du combiné en signant le meilleur chrono cumulé sur le slalom (en deux manches à l'époque) et la descente.

37 ans après, il n'espère qu'une chose : qu'un skieur tricolore inscrive enfin son nom sur les tablettes du combiné alpin français !

« Le combiné récompense le skieur le plus polyvalent, celui qui est bon en descente et excellent en slalom, ou inversement », explique Alexis Pinturault au micro du Backstage FFSTV. *« Cela demande beaucoup d'entraînement, de sacrifices, de temps. C'est loin d'être donné à tout le monde »*, ajoute le skieur de Courchevel.

Son palmarès est déjà bien rempli dans cette discipline du combiné alpin avec une médaille olympique (l'argent à Pyeongchang en 2018) et 7 victoires en Coupe du monde.

Par contre, aux Championnats du monde, Alexis Pinturault est loin d'être en réussite. Dans son armoire à trophées, on ne trouve que deux médailles : une seule en individuel avec du bronze (slalom géant en 2015 à Vail/Beaver Creek) et une en or avec le titre de l'équipe de France remporté à l'occasion du Team Event disputé à Saint-Moritz en 2017.

Dans la station suisse, Pinturault passe complétement au travers des Mondiaux dans les épreuves individuelles.

Malgré le titre remporté en équipe, ses résultats sont très décevants : 7e en géant, DNF (Do Not Finish) dès la première manche du slalom et 6e en Super-G. Bien que grand favori en combiné alpin, le skieur savoyard ne termine qu'à la 10e place !!

Pinturault s'est ensuite remis en question. Autour de trois mots clés : comprendre, analyser et ne pas reproduire les erreurs du passé.

Avec le soutien de la Fédération Française de Ski, le skieur de Courchevel met en place la « Team Pinturault ».

A savoir une équipe taillée pour lui, avec un calendrier qui lui est propre pour son entraînement, sa récupération, sa logistique...
Afin qu'il se sente plus à l'aise, plus libéré pour mieux performer !

A l'évidence, un titre de champion du monde fait désormais partie des objectifs que Pinturault a envie de cocher. « *L'essentiel, ce sera que je m'amuse, que je sois à l'attaque et de ne rien regretter* », résume-t-il avant le combiné au micro de FFSTV.

Mais « Pintu » va-t-il arriver à passer de l'envie à la réalité, du statut de favori à celui de champion du monde ?

En cette veille de course, l'équipe de France fignole ses derniers réglages sur une neige dure mais pas glacée. Victor Muffat-Jeandet a bien réussi son premier entraînement de descente, un peu moins le second.

La mise en pression de ce début de Championnats du monde n'est pas facile à gérer. C'est souvent un mélange d'impatience et d'excitation qui requiert un grand sens de l'adaptation.

« *C'est des moments pour lesquels je m'entraîne toute l'année donc j'ai hâte de vivre cela. Il faut rester très calme. On verra demain comment sera le programme* », explique Victor Muffat-Jeandet.

En soirée, après le traditionnel brief des coachs, les tricolores se retrouvent au dîner. Instant rare, car cela arrive très peu souvent en saison que filles et garçons soient tous ensemble autour de la même table.

L'ambiance est très conviviable d'autant qu'en cuisine, Eugénie et son assistante, passées par l'école Paul Bocuse, proposent de superbes menus parfaitement adaptés à des athlètes de haut niveau tels que les skieurs tricolores.

Le programme du combiné prévoit que les 56 skieurs au départ disputent une descente à 11h00, puis un slalom à 14h00. Mais la météo en décide autrement. Le vent souffle très fort sur le haut de l'Olympia, la piste qui accueille l'épreuve de vitesse.

Les organisateurs reportent la descente d'une heure et abaissent son départ. Tout ce beau monde s'élancera juste au-dessus du départ du géant hommes sur une descente que Pinturault décrit comme « pas facile ».

« Pour nous les « combinards », il est toujours difficile de trouver le juste milieu en descente car nous n'en faisons pas beaucoup. C'est très important de terminer dans les trente pour garder toutes nos chances avant le slalom », souligne Victor Muffat-Jeandet.

C'est Thomas Mermillot-Blondin qui ouvre le portillon à partir de midi. Dès les premiers hectomètres de sa descente, on se rend compte que le vent souffle fort sur le haut.

Auteur d'une grosse erreur de trajectoire, le Français donne une première indication sur la durée de cette descente raccourcie. Les meilleurs chronos seront juste au-dessus d'une minute.

Le résultat de cette descente est sans surprise. On trouve un bloc de spécialistes de la vitesse aux avants-postes. C'est Dominik Paris qui signe le meilleur chrono en 1'07"27.

L'Américain Ryan Cochran-Siegle, 2e à 3 centièmes, signe une superbe performance alors qu'il s'est élancé avec le dossard 22.

Le Norvégien Aleksander Aamodt Kilde est 3e à 38 centièmes. L'Italien Christof Innerhofer et l'Autrichien Vincent Kriechmayr se classent quatrièmes ex aequo à 44 centièmes.

Mais l'avance qu'ils ont pris sur les « techniciens » du slalom n'est pas si confortable que cela. Le Suisse Luca Aerni, tenant du titre, est 20e à 1"23, Marco Schwarz 21e à 1"25.

Du côté des tricolores, Victor Muffat-Jeandet pointe à la 23e place à 1"49. Alexis Pinturault se classe 24e à 1"52 et, fait important, il souffre d'une contusion osseuse au genou contractée à la réception d'un saut. « *J'avais mal quand je marchais mais l'avantage du ski, c'est qu'on a pas besoin de marcher* », précise Alexis Pinturault.

Les écarts créés par les spécialistes de la vitesse risquent d'être un peu juste d'autant que les slalomeurs vont s'élancer dans les premiers sur une piste qui ne sera pas encore marquée !

La manche de slalom est tracée par l'entraîneur tricolore Fabien Munier. La piste ressemble à un toboggan.

La section la plus délicate est située vers les 3/4 du tracé avec un petit replat sur lequel il faut absolument garder sa vitesse pour espérer signer un bon chrono.

Le premier départ a lieu à 16 heures. Cette longue journée de compétition s'achèvera en nocturne, ce qui est rare pour un combiné alpin.

Stefan Hadalin est le premier à couper le portillon. Le Slovène bénéficie d'une piste parfaite. En raison des conditions météo, c'est un énorme avantage car elle va sans doute se dégrader assez rapidement. Et il en profite pour signer le meilleur chrono et prendre la tête de ce combiné avec une confortable avance.

Au moment où Alexis Pinturault s'élance en 7e position, Hadalin occupe toujours la position de leader. Le skieur de Courchevel sait que le Slovène a réussi un super temps et que beaucoup de favoris déjà en bas n'ont pas réussit à le devancer.

Sa performance dans la descente matinale ne lui autorise aucun droit à l'erreur. « *Je savais que je n'avais pas le choix, que j'étais seul face à moi-même. La seule chose qui me restait à faire, c'était de donner mon maximum et skier à 100%* », se souvient Alexis Pinturault.

Depuis le début de la saison, Pinturault est rentré 5 fois dans le Top 10 en slalom et son meilleur classement a été une 2e place à la Night Race disputée fin janvier à Schladming.

Sur le haut du tracé, la mise en action de Pinturault est excellente et au premier inter, il a encore repris quelques centièmes sur Hadalin. Il réussit à conserver son avance dans la partie intermédiaire avant d'aborder le mur final.

Le skieur de Courchevel coupe la ligne avec 24 centièmes d'avance sur Hadalin. C'est le second temps de la manche mais il est suffisant pour qu'il prenne la tête provisoire du combiné.

Alexis Pinturault vient de faire mentir ceux qui pensaient qu'il allait encore craquer sous la pression. Cela fait longtemps qu'Alexis passe au travers dans des Championnats du monde.

Cette fois, sa manche a été engagée et surtout sans faute. « *Je suis resté calme et concentré. Je savais que j'étais dans le match* », précise Alexis Pinturault.

Reste à savoir si l'écart sera suffisant !

Juste derrière « Pintu », Victor Muffat-Jeandet est un sérieux candidat pour le podium. Mais Victor ne réussit pas à bien skier entre les piquets serrés. Il signe le 4e temps provisoire (+ 0"81).

Ses espoirs de médaille viennent de s'envoler. « *Le départ était très plat et ensuite il y avait une portion vraiment mauvaise à skier. Je n'ai pas réussi à déjouer les problématiques et les pièges de ce tracé,* exprime avec déception Victor Muffat-Jeandet. Avant d'ajouter : « *Je n'ai pas pu m'exprimer pleinement sur cette manche de slalom* ».

C'est au tour de Marco Schwarz de s'élancer. Incapable de se libérer dans cette seconde manche, l'Autrichien signe le 3e temps (+ 0"46) de ce combiné.

C'est parti pour Luca Aerni. Sur une piste qui commence à marquer, le Suisse perd très vite toute son avance. Il allume du rouge dès le 2e inter. Sur la ligne, Aerni signe le 6e temps provisoire (+ 1"02), insuffisant pour conserver son titre.

Tous ceux qui s'élancent ensuite n'arrivent pas à approcher le chrono de Pinturault. Ils finissent au-delà des deux secondes !

Seul l'Italien Ricardo Tonneti réussit une belle manche ce qui lui permet de se classer 4e à 67 centièmes du Français.

Cela commence à sentir bon le podium pour Alexis Pinturault. C'est un beau carré d'as qui va clôturer ce slalom avec dans l'ordre de départ Christof Innerhofer, Aleksander Aamodt Kilde, Ryan Cochran-Siegle et Dominik Paris.

Malgré un bon départ, Innerhofer se fait piéger par le tracé et part rapidement à la faute. Kilde et Cochran-Siegle ne réussissent pas une grosse performance entre les piquets et sont relégués à plus de 2 secondes.

Il ne reste plus que l'Italien Dominik Paris dans la cabane de départ. Cela fait près de 40 minutes qu'Alexis Pinturault est installé sur le fauteuil de leader.

Une longue attente mais la minute qui arrive est décisive. La médaille est assurée pour Alexis Pinturault et elle sera soit en or, soit en argent !

Dans le portillon de départ, l'avance de l'Italien est de 1"52. Il est toujours en tête au premier inter mais a déjà perdu 7 dixièmes dans les 10 premières secondes de ce slalom ! Puis c'est du rouge et Dominik Paris termine à la 9e place (+ 1"51) de ce combiné alpin.

Alexis Pinturault décroche enfin son premier titre de champion du monde dans ce combiné à Åre. Il devance le Slovène Stefan Hadalin de 24 centièmes et l'Autrichien Marco Schwarz de 46 centièmes.

« C'est un accomplissement dans ma carrière. On parle souvent des premiers titres, des premiers globes. Cette victoire en fait partie », commente Alexis Pinturault.

Avant d'ajouter : « *Pour moi, c'est un moment extraordinaire et unique, qui donne envie de le revivre même si cela n'est jamais acquis* ».

Avec ce magnifique succès, Alexis Pinturault devient le sixième skieur Français à devenir champion du monde du combiné après Émile Allais (1937 et 1938), Henri Oreiller (1948), Guy Périllat (1960), Jean-Claude Killy (1966 et 1968) et Michel Vion (1982).

« *Le rôle d'un sportif c'est de faire ce pour quoi il est bon, et pas de penser à comment il peut être bon* ». Ce commentaire d'Alexis Pinturault, exprimé après la course au micro FFSTV, résume parfaitement ce qu'il a réussi dans le slalom de ce combiné.

Pour toucher enfin du doigt cet accomplissement en or !

Podium du combiné alpin disputé à Åre le 11 février 2019 dans le cadre des Championnats du monde de ski alpin

Médaille d'or : **Alexis Pinturault** (France) - 1'47"71
Médaille d'argent : **Stefan Hadalin** (Slovénie) - 1'47"95
Médaille de bronze : **Marko Schwarz** (Autriche) - 1'48"17

Combiné alpin - Palmarès Championnats du monde de ski alpin - 1931 à 1958

ANNEE	LIEU	CHAMPIONNE DU MONDE	CHAMPION DU MONDE
1931	Mürren	Résultats non homologués	Résultats non homologués
1932	Cortina d'Ampezzo	Rösli STREIFF	Otto FURER
1933	Innsbruck	Inge WERSIN-LANTSCHNER	Anton SEELOS
1934	Saint-Moritz	Christl CRANZ	David ZOGG
1935	Mürren	Christl CRANZ	Anton SEELOS
1936	Innsbruck	Evelyn PINCHING	Rudolf ROMINGER
1937	Chamonix	Christl CRANZ	Emille ALLAIS
1938	Engelberg	Christl CRANZ	Emille ALLAIS
1939	Zakopane	Christ CRANZ	Josef JENNEWEIN
1948	Saint-Moritz	Trude BEISER-JOCHUM	Henri OREILLER
1950	Aspen	Pas de Combiné	Pas de Combiné
1952	Oslo	Pas de Combiné	Pas de combiné
1954	Åre	Ida SCHÖPFER	Stein ERIKSEN
1956	Cortina d'Ampezzo	Madeleine BERTHOD	Toni SAILER
1958	Bad Gastein	Frieda DAENZER	Toni SAILER

Combiné alpin - Palmarès Championnats du monde de ski alpin - 1960 à 1989

ANNEE	LIEU	CHAMPIONNE DU MONDE	CHAMPION DU MONDE
1960	Squaw Valley	Anne HEGGTVEIT	Guy PERILLAT
1962	Chamonix	Marielle GOITSCHEL	Karl SCHRANZ
1964	Innsbruck	Marielle GOITSCHEL	Ludwig LEITNER
1966	Portillo	Marielle GOITSCHEL	Jean-Claude KILLY
1968	Grenoble	Nancy GREENE	Jean-Claude KILLY
1970	Val Gardena	Michèle JACOT	Billy KIDD
1972	Sapporo	Annemarie MOSER-PROLL	Gustav THOENI
1974	Saint-Moritz	Fabienne SERRAT	Franz KLAMMER
1976	Innsbruck	Rosi MITTERMAIER	Gustav THOENI
1978	Garmisch Partenkirchen	Annemarie MOSER-PROLL	Andreas WENZEL
1980	Lake Placid	Hanni WENZEL	Phil MAHRE
1982	Schladming	Erika HESS	Michel VION
1985	Bormio	Erika HESS	Pirmin ZURBRIGGEN
1987	Crans Montana	Erika HESS	Marc GIRARDELLI
1989	Vail	Tamara MCKINNEY	Marc GIRARDELLI

Combiné alpin - Palmarès Championnats du monde de ski alpin - 1991 à 2021

ANNEE	LIEU	CHAMPIONNE DU MONDE	CHAMPION DU MONDE
1991	Saalbach	Chantal BOURNISSEN	Stephan EBERHARTER
1993	Morioka Shizukuishi	Miriam VOGT	Lasse KJUS
1996	Sierra Nevada	Pernilla WIBERG	Marc GIRARDELLI
1997	Sestrières	Renate GOETSCHL	Kjetil Andre AAMODT
1999	Vail	Pernilla WIBERG	Kjetil Andre AAMODT
2001	Sankt Anton Am Arlberg	Martina ERTL	Kjetil Andre AAMODT
2003	Saint Moritz	Janica KOSTELIC	Bode MILLER
2005	Bormio	Janica KOSTELIC	Benjamin RAICH
2007	Åre	Anja PAERSON	Daniel ALBRECHT
2009	Val d'Isère	Kathrin ZETTEL	Aksel Lund SVINDAL
2011	Garmisch Partenkirchen	Anna FENNINGER	Aksel Lund SVINDAL
2013	Schladming	Maria HÖFL-RIESCH	Ted LIGETY
2015	Vail Beaver Creek	Tina MAZE	Marcel HIRSCHER
2017	Saint-Moritz	Wendy HOLDENER	Luca AERNI
2019	Åre	Wendy HOLDENER	Alexis PINTURAULT
2021	Cortina d'Ampezzo	Mikaela SHIFFRIN	Marco SCHWARZ

Le Super-G...

en 12 lignes

Un mélange de vitesse et de technique

Le nom Super-G provient de l'appelation « super slalom géant ». Il s'agit de la seconde discipline de vitesse après l'épreuve reine qu'est la descente.

Le skieur doit gérer au mieux la vitesse qui dépasse souvent les 100 km/h et négocier avec finesse des virages plus nombreux qu'en descente. Véritable discipline d'instinct, le Super-G requiert un excellent touché de neige indispensable pour espérer aller vite sur les skis.

Contrairement à la descente, les compétiteurs ne peuvent pas s'entraîner avant la course sur le tracé d'un Super-G. Après une reconnaissance menée dans un temps restreint, la course se dispute sur une seule manche !

JOUR 3

Apothéose sur la Raptor

Vail - Beaver Creek, 3 février 2015

Comme chaque année, le gratin du ski alpin mondial se retrouve en Autriche à Sölden pour le kickoff de la saison de Coupe du monde. Ce sont les filles qui ouvrent le bal en ce mois d'octobre 2014 avec un géant.

La meilleure skieuse au monde est Autrichienne. La saison dernière, Anna Fenninger a remporté pour la première fois de sa carrière le classement général de la Coupe du monde. Elle a devancé l'Allemande Hoefl-Riesch et la Suissesse Lara Gut.

Née à Hallein près de Salzbourg, Anna Fenninger se passionne pour le sport dès son plus jeune âge. Elle croise Marcel Hirscher sur les bancs de l'école de Bad Hofgastein.

Elle fréquente ensuite le sport-études de Bad Gastein comme un certain Hermann Maier. Son travail acharné, sa motivation et ses performances la hissent assez rapidement parmi les grands espoirs de l'équipe féminine autrichienne.

Anna Fenninger dispute en novembre 2006 sa première course de Coupe du monde. Sur la Black à Levi, l'équipe féminine autrichienne signe un triplé dans le slalom avec la victoire de Marlies Schild qui devance ses coéquipières

Nicole Hosp et Kathrin Zettel. Mais Anna ne parvient pas à se qualifier pour la seconde manche du slalom. Ce n'est que trois ans plus tard qu'elle monte pour la première fois sur un podium de Coupe du monde. A Cortina d'Ampezzo, elle signe le 2e chrono du Super-G sur l'Olympia delle Tofane.

Il faudra attendre encore deux ans pour voir Anna Fenninger remporter la première grande victoire de sa carrière. Le 11 février 2011, aux Mondiaux de Garmisch-Partenkirchen, elle crée la surprise en devenant championne du monde du Super combiné devant la Slovène Tina Maze et la Suédoise Anja Paerson.

Suite logique, elle va chercher en fin d'année à Lienz en Autriche cette première victoire en Coupe du monde qui lui manque en remportant le géant.

C'est au cours de la saison 2013-2014 qu'Anna Fenninger prend son envol avec de magnifiques performances. Aux Jeux Olympiques de Sotchi, elle est sacrée championne olympique du Super-G.

Tout au long de cet hiver magique, elle remporte 4 courses et monte 11 fois sur le podium. Ce qui est suffisant pour lui permettre de remporter le gros globe de cristal.

L'entame de la saison 2014-2015 pour la skieuse de Salzbourg est de très bon augure. Sur le glacier du Rettenbach, Anna Fenninger remporte le géant de Sölden en signant le même chrono que Mikaela Shiffrin, laquelle à 19 ans seulement, inscrit à son palmarès son premier succès en Coupe du monde !

C'est la seule victoire de l'Autrichienne en Coupe du monde entre octobre 2014 et début février 2015. Mais elle

s'abonne ensuite aux deuxièmes places, 6 au total, dans trois disciplines : la descente, le Super-G et le géant !
Place ensuite aux Championnats du monde de ski alpin qui se tiennent du 3 au 15 février 2015 dans les deux stations américaines du Colorado, Vail et Beaver Creek.

La première épreuve féminine inscrite au programme de ces 43e Championnats du monde est le Super-G. Il va se courir sur la Raptor, la nouvelle piste spécialement conçue pour ces Mondiaux.

Longue de 1840 mètres pour un dénivelé de 590 mètres, la Raptor est une très belle piste pour un Super-G. Il y a un peu de plat sur le haut et sur le bas, et le tracé fait la part belle à de longues courbes dans une pente raide située en milieu de parcours.

Par contre, la météo n'est pas au top. Il neige, la visibilité est très moyenne et assez changeante et, cerise sur le gâteau, des rafales de vent se sont invitées sur le haut du parcours situé à 3320 mètres d'altitude.

Le départ est prévu à 11h00. Les conditions météo s'améliorent vers 10h00 et la FIS confirme que le Super-G partira à l'heure et qu'il s'élancera depuis le sommet de la Raptor. Mais l'accalmie météo est de courte durée.

Trente minutes avant le départ, les organisateurs sont contraints de revoir leurs plans. Ils décident de faire partir le Super-G du départ de réserve et la première skieuse coupera le portillon à 11h30.

Les skieuses de vitesse ont l'habitude de ce type de report. Pour le premier entraînement de descente, elles ont dû patienter pendant plus de deux heures avant de s'élancer en raison des chutes de neige.

C'est la Française Marie Jay Marchand-Arvier qui ouvre le portillon. Au moment où elle va s'élancer, une grosse rafale de vent l'oblige à patienter. Le départ est légèrement retardé avant que la course ne soit effectivement lancée. Il reste à espérer qu'elle soit la plus équitable possible.

Les départs s'enchaînent et après les douze premiers dossards, l'Allemande Viktoria Rebensburg est en tête devant l'Américaine Julia Mancuso et l'Italienne Elena Curtoni.

L'Autrichienne Cornelia Huetter, qui reste sur une 5e place au Super-G de Saint-Moritz, déloge ensuite Viktoria Rebensburg de la première place.

Lara Gut, l'une des favorites, est la prochaine à s'élancer. Deux ans plus tôt, la Suissesse avait impressionné en réalisant le doublé descente et Super-G sur la Raptor, inaugurée pour l'occasion. La Suissesse arrive en pleine forme dans le Colorado, forte de sa victoire récente sur la descente de Saint-Moritz.

Elle est pourtant en retard dès le premier intermédiaire. Sa course n'est pas à la hauteur des attentes, et ce malgré le fait qu'elle ne commette aucune grosse faute. Lara Gut coupe la ligne avec plus d'une seconde de retard sur Cornelia Hutter !

La séquence qui arrive va très certainement décider du titre de championne du monde. Du dossard 18 au 22, on va enchaîner du très lourd. Avec dans l'ordre d'apparition : Vonn, Maze, Weirather, Goergl et Fenninger. Rien que ça !

Grande favorite du jour, l'Américaine Lindsey Vonn va s'élancer. Elle domine le Super-G depuis le début de la saison et détient le dossard rouge de la spécialité. Elle s'est imposée deux fois, à Cortina d'Ampezzo et à Saint-Moritz, dernier rendez-vous avant ces Mondiaux. Elle a également signé une belle 2e place à Lake Louise à l'occasion de l'ouverture de la saison de Super-G.

Lindsey Vonn est originaire de la station de Vail. Elle court à la maison, devant son public. Dans les tribunes bien remplies, elle peut compter sur un supporter de premier plan. Son compagnon, le golfeur Tiger Woods, a fait le déplacement pour venir l'encourager.

La mise en action de l'Américaine est très moyenne. Au premier inter, elle accuse un retard de 28 centièmes après tout juste 15 secondes de course. Au second inter, l'écart se creuse encore et Vonn pointe à 42 centièmes de Huetter.

La suite va être d'une toute autre facture. L'Américaine met le booster et refait son retard dès le 3e inter. Elle finit ensuite comme une fusée et allume du vert sur la ligne. L'Américaine signe le meilleur chrono provisoire et prend la tête pour 11 centièmes.

Dans la raquette d'arrivée, Lindsey Vonn crie un « Yes » sous les ovations du public américain installé dans le Raid Tail Stadium. De très bon augure pour le titre mais ce court écart sera-t-il suffisant pour lui permettre de rester sur le fauteuil de leader ?

On ne va pas tarder à le savoir car le dossard 19 n'est autre que Tina Maze. La skieuse slovène est la tenante du titre mondial en Super-G. Bien qu'elle ne compte encore aucune victoire cet hiver dans la discipline, elle est montée deux fois sur le podium (3e à Lake Louise et 3e à Val d'Isère) et a terminé à la 4e place à Cortina d'Ampezzo.

C'est parti pour Maze qui réalise un très bon haut de parcours : du vert au premier inter (- 0"28), puis au deuxième (- 0"29).

Que va faire la Slovène dans la section où Lindsey Vonn est allée très vite ?

Elle perd un peu de son avance et est toujours devant pour 12 centièmes au 3e inter ! Cela va se jouer à pas grand-chose et sur la ligne, avantage à la skieuse slovène. Tina Maze déloge Lindsey Vonn de son fauteuil de leader pour 12 centièmes.

Le contraste avec la séquence précédente est saisissant. Tina Maze a coupé la ligne dans un silence assourdissant ! Les fans de ski américains accusent le coup. Leur championne ne sera pas sur la plus haute marche du podium.

C'est au tour de Tina Weirather de s'élancer avec le dossard 20. Motivée par sa 3e place obtenue récemment à Cortina d'Ampezzo, la skieuse du Liechtenstein peut créer la surprise.

Elle a déjà remporté deux fois un Super-G sur le circuit Coupe du monde, à Garmisch-Partnenkirchen et à Saint-Moritz en 2013. Mais ce n'est pas son jour ! Weirather termine avec le 5e temps à 1"00 de Tina Maze.

Elizabeth Goergl est dans le portillon. En début de saison, la championne du monde de Super-G de 2011 a remporté le Super-G du Critérium de la Première Neige à Val d'Isère.
L'Autrichienne est très rapide sur le haut et passe en tête au premier inter. Elle perd ensuite du temps avant de rater une porte. C'est terminé pour Goergl qui a de quoi être déçue !

Le clan autrichien retient son souffle. Anna Fenninger est sans doute la dernière à pouvoir bousculer le trio Maze, Vonn et Huetter pour le podium.

Ses derniers Super-G ont été extrêmement satisfaisants. Elle a enchaîné trois deuxièmes places à Val d'Isère, Cortina et Saint-Moritz.

Mais aux Mondiaux, la réussite n'a pas encore été de son côté en Super-G. L'Autrichienne n'est jamais parvenue à monter sur un podium. En 2009 à Val d'Isère, elle termine 4e et en 2011 à Garmisch, elle est 5e.

Anna Fenninger a beaucoup moins de pression qu'il y a deux ans à Schladming où elle skiait à domicile. Elle se sent bien et sait qu'elle peut aller chercher la médaille d'or. N'a-t-elle pas terminé 6 fois deuxième cette saison avec à chaque fois des courses très serrées !

La skieuse de Salzbourg vient de s'élancer et sa mise en action est très bonne. Dès le premier inter, elle allume du vert par rapport à Tina Maze. Puis elle semble se jouer de toutes les difficultés de la Raptor.

C'est encore du vert au 2e, au 3e et même si elle est un peu moins rapide sur la dernière section que Tina Maze, Anna Fenninger coupe la ligne avec le meilleur temps. De très peu, certes, puisque l'écart est de 3 centièmes. Mais suffisant pour qu'elle devienne championne du monde du Super-G.

Dans la raquette d'arrivée, Anna Fenninger prend sa tête entre ses deux mains avant de s'écrouler sur le sol pour exprimer son immense joie. Lorsqu'elle se relève, elle embrasse l'un de ses deux skis comme pour le remercier d'etre descendu aussi vite sur la Raptor !

L'Autrichienne, qui a profité de bonnes conditions météo, devance la Slovène Tina Maze (+0"03) et l'Américaine Lindsey Vonn (+0"15).

Pour la première fois dans l'histoire du ski alpin, une skieuse devient championne du monde après avoir remporté le titre olympique dans la même discipline.

Le bonheur ne s'arrête pas là. La suite de ce mondial va être magique pour Anna Fenninger. Trois jours plus tard, elle se pare d'argent sur la descente en terminant à un souffle (2 minuscules centièmes) de Tina Maze. Avant de remporter d'une très belle manière le titre de championne du monde dans la discipline du géant.

Pour une magnifique apothéose sur les pistes du Colorado. Et avant une autre apothéose, celle-ci majuscule en fin de saison avec un deuxième gros globe de cristal pour Anna Fenninger !

Podium du Super-G dames disputé à Vail - Beaver Creek le 3 février 2015 dans le cadre des Championnats du monde de ski alpin

Médaille d'or : **Anna Fenninger** (Autriche) - 1'10"29
Médaille d'argent : **Tina Maze** (Slovénie) - 1'10"32
Médaille de bronze : **Lindsey Vonn** (Etats Unis) - 1'10"44

JOUR 4

Imbattable sur la Face de l'extrême

Val d'Isère, 4 février 2009

La France n'a pas organisé de Championnats du monde de ski alpin depuis 47 ans, les derniers s'étant tenus en 1962 à Chamonix. Choisie en 2004 lors du Congrès de la Fédération Internationale de Ski, la station savoyarde de Val d'Isère s'apprête à accueillir en ce mois de février 2009 les meilleurs skieurs au monde venus de 73 nations, ce qui constitue un record.

Même si la préparation de ces Mondiaux a été marquée par des tensions au sein du comité d'organisation, tout devrait concourir pour faire de Val d'Isère durant ces deux semaines de compétition une belle vitrine pour le ski alpin mondial.

Il faut dire que la station de Haute Tarentaise a de jolis atouts. La Face de Bellevarde, piste mythique depuis les Jeux Olympiques d'Albertville de 1992, offre aux spectateurs une visibilité exceptionnelle sur la quasi intégralité des courses masculines. Sa proximité avec la piste Solaise utilisée pour les épreuves dames, est également un bel élément d'attractivité.

Il faut aussi mentionner un centre de presse flambant neuf et la gratuité pour les nombreux spectateurs attendus. Près de 230 000 visiteurs sont en effet annoncés et beaucoup d'entre eux rejoindront Val d'Isère en transports collectifs (trains et bus) que la région Rhône-Alpes a rendu gratuits pendant ces Mondiaux.

Ce 4 février 2009 s'annonce comme une belle journée pour Martin Rufener, le chef Suisse du ski alpin masculin. Le hasard du calendrier fait qu'il fête ses 50 ans le jour où va se courir le Super-G, première épreuve masculine de ces Mondiaux.

Ses protégés, notamment Didier Défago et Didier Cuche, sont de sérieux candidats pour la médaille sur la Face de Bellevarde. Le Valaisan Défago vient tout juste de remporter les descentes de Wengen et de Kitzbühel. C'est la première fois qu'il se présente au départ de la Face dans une discipline de vitesse. De son côté, même s'il n'a toujours pas inscrit à 34 ans un grand titre international à son palmarès, Didier Cuche peut compter sur sa puissance et sa technique pour réussir un gros coup sur la Face de Bellevarde.

Martin Rufener sait aussi que cela fait vingt ans que la Suisse n'a pas remporté le titre en Super-G. Depuis la victoire en 1989 de Martin Hangl à Vail aux Etats-Unis.

Les Suisses vont avoir fort à faire pour contrer les autres favoris que sont les Autrichiens Hermann Maier et Benjamin Raich, le Norvégien Aksel Lund Svindal, les Américains Bode Miller et Ted Ligety, sans oublier les Italiens Fill et Innerhofer. Quant aux Français Adrien Théaux et Pierre-Emmanuel Dalcin, ils peuvent tout à fait réussir l'exploit à domicile. C'est donc un plateau de cadors très relevé qui va défier une Face de Bellevarde qui les attend toute de glace vêtue.

A son arrivée de nuit à Val d'Isère, Didier Cuche observe depuis l'hôtel des Suisses la Face de Bellevarde. « *Sous les projecteurs, elle brillait dans son entier. C'était impressionnant mais cela m'a procuré beaucoup de bien-être car je savais que techniquement j'étais au point et très performant sur la glace* », se souvient Didier Cuche.

Dès le lendemain, Didier Cuche et son technicien Chris Krause se mettent au travail pour avoir le meilleur matériel possible. Ils préparent ainsi des skis qui devraient bien accrocher et une paire de chaussures adaptée au profil glacé de la Face de Bellevarde.

Pour cette chaussure qui ne sera utilisée que pour ce Super-G, Didier Cuche et son technicien font le choix d'un mixte avec une partie haute plus tendre et une partie basse plus dure afin de limiter les torsions. La hauteur des cales fixées sous ses chaussures a été augmentée de 3 mm pour donner plus d'angle. Tous ces réglages doivent permettrent une meilleure retranscription des forces sur cette neige verglacée.

La veille de la course, les coureurs disposent de 45 minutes pour une ultime préparation sur la Face de Bellevarde. Durant cette séance de ski libre, ils testent la neige, leurs skis, les réglages, notamment ceux sur les chaussures, pour avoir la meilleure accroche possible.

De son côté, Didier Cuche a pu peaufiner tous ses réglages lorsqu'il arrive à ce ski libre et se sent très bien préparé à cette piste très glacée. « *Habituellement, je fais trois tours sur la piste. Après le deuxième, je ne suis pas remonté car je me sentais vraiment très bien* », indique Didier Cuche.

Le skieur Suisse profite également de ce ski libre pour observer les runs des athlètes et également les coachs qui sont positionnés à un endroit stratégique dans la partie médiane de la piste. « *Regarder l'expression des visages des coachs en disait long sur ma prestation de ski libre. Et voir la façon avec laquelle les autres athlètes skiaient et comment ils se battaient sur cette pente m'a rempli d'une grosse confiance pour le lendemain »*, précise Didier Cuche.

Le matin de la course, la Face de Bellevarde présente un visage à une facette. C'est complétement verglacée, une vraie patinoire ! A croire que tous les habitants de Val d'Isère sont venus avec leurs arrosoirs pour faire briller la Face encore plus que d'habitude.

Tracé par l'Italien Gianluca Rulfi, ce Super-G comporte 38 portes sur une longueur de 1 770 mètres. « *La Face est très gelée. Les conditions sur ce Super-G sont assez extrêmes. La piste est très raide avec beaucoup de pente, c'est difficile car tu skies tout le temps sur la taille* », se souvient Didier Défago.

Pendant la reconnaissance, Didier Cuche et son coéquipier Ambrosi Hoffmann observent la piste et se disent : « *Ce serait quand même bien cool d'arriver à la découper et qu'elle casse, qu'elle gicle* ». L'observation du ralenti de la course montrera plus tard des projections de glace sortant des carres des skis de Didier Cuche !

L'Américain Andrew Weibrecht ouvre le portillon à 11h sous un beau soleil et un ciel bleu d'azur. Un gros combat technique est annoncé et cela se vérifie très rapidement. Dès les premières minutes de course, les abandons se succèdent.

C'est d'abord le « Canadian cowboy » Manuel Osborne-Paradis qui ne parvient pas à rallier l'arrivée. Puis le champion olympique de la discipline, Ted Ligety, se fait piéger par le tracé. Il part à la faute à mi-parcours et termine après une très longue glissade dans les filets de protection. L'Américain Marco Sullivan et le Suisse

Ambrosi Hoffmann ne font pas mieux et cochent eux aussi la case DNF (« Do Not Finish »).

Avec quatre abandons sur les dix premiers départs, la Face de Bellevarde prend un air de face de l'extrême. Elle va le rester le temps de ce Super-G car seuls 47 skieurs seront classés sur les 70 partants !

Les informations remontent très vite vers la cabane de départ grâce aux radios des coachs. Le premier à réussir un chrono de référence est l'Autrichien Benjamin Raich. Deux dossards plus tard, l'Italien Christof Innerhofer l'imite et prend la tête avec une avance de 8 centièmes.

Arrive ensuite Bode Miller et son dossard 12. Tout se passe bien pour l'Américain jusqu'au niveau du premier inter où il fait une faute qui le fait sortir de sa trajectoire. Malgré cela, il signe le 3e chrono à 1"36 du leader.

Didier Cuche porte le dossard 16. En arrivant à Val d'Isère, il compte trois victoires en Coupe du monde dans la discipline. Par contre, il ne comptabilise aucun succès en Super-G depuis le début de la saison.

Aux derniers Mondiaux de 2007 à Åre en Suède, le Neuchâtelois s'est paré de bronze en géant. Dans le Super-G, il rate d'un souffle le podium en se classant 4e à un centième derrière son compatriote Bruno Kernen, et repart de Suède avec une médaille en chocolat.

Après s'être gravement blessé (rupture des ligaments du genou droit) en janvier 2005 à Adelboden, Didier Cuche a suivi un long programme marqué par une lente et difficile reconstruction. Le skieur Neuchâtelois s'appuie sur Florian Lorimier, son préparateur physique, pour l'aider à retrouver la forme. Cette préparation très professionnelle lui sera très utile pour le challenge que doit relever le

Suisse aujourd'hui : être le meilleur sur la Face de Bellevarde.

Sur cette piste si glacée et si raide, Didier Cuche sait qu'il sera très difficile de tracer des lignes parfaitement fluides. Il sait aussi qu'il est au point techniquement au regard de ses très belles performances obtenues en géant depuis le début de la saison. « *A moi de faire mon boulot et de descendre cette piste* », pense Didier Cuche dans la cabane de départ.

Tout le tracé de ce Super-G est éclairé par le soleil mais soudain un petit nuage vient apporter un peu d'ombre. « *Quelque part, j'ai prié intérieurement pour que le soleil ressorte vite de ce nuage* » se souvient Didier Cuche. Heureusement, lorsqu'il passe ses batons au dessus du portillon, la piste est à nouveau entièrement éclairée par le soleil.

Sa mise en action dans le haut du tracé est parfaite. Au premier inter positionné après 30 secondes de course, le Neuchâtelois compte déjà 44 centièmes d'avance ! Dans la portion qui sépare le premier du deuxième intermédiaire, il cède un peu de son avance et l'écart se réduit à 10 centièmes de seconde.

Les supporters Suisses venus très nombreux sont vite rassurés. Le récital se poursuit, orchestré avec une technique parfaite, une puissance inouïe et une grande fluidité, gage d'efficacité sur cette piste. Le chrono s'affole sur le bas : 79 centièmes d'avance au 3e inter. Sa fin de parcours est parfaite et exceptionnelle : Cuche découpe comme personne ce mur final bleu-glace.

A quatre portes de la fin, il se fait toutefois une frayeur en s'écartant de la trajectoire idéale « *Je me suis dit non, non et non ! J'ai eu vraiment l'impression que j'allais rater une des dernières portes, ce qui m'était déjà arrivé aux Jeux Olympiques de Salt Lake City* ». Mais heureusement pour le skieur Suisse, il se remet instantanément sur la bonne ligne.

A l'arrivée, Didier Cuche tourne son regard vers le tableau de chronométrage. C'est du vert : 1'19"41. Soit 1"07 plus vite que Christof Innerhofer, ce qui représente un écart de près de 22 mètres ! En coupant la ligne d'arrivée de cette Face de Bellevarde, Didier Cuche peut vraiment se dire qu'il vient de frapper un grand coup.

Les fans Suisses ovationnent leur idole qui libére sa joie par un grand cri avant de lever les bras au ciel et exécuter son célèbre ski-flip, toujours synonyme d'une très belle performance.

Le Neuchâtelois déchausse son ski droit, le fait tourbillonner en l'air avant de le rattraper. Cette figure est devenue sa signature dans les raquettes d'arrivée. Cuche l'a inventée en janvier 2002 lorsqu'il a remporté le premier géant de sa carrière sur la Chuenisbärgli à Adelboden, devant le Français Frédéric Covili.

Dans le fauteuil de leader, Cuche suit ensuite du regard la course des dossards 19, 20 et 21. Car il y a du lourd dans le portillon. D'abord le Norvégien Aksel Lund Svindal, puis l'Autrichien Herman Maier et enfin son coéquipier Didier Défago !

Le Norvégien est revenu cet hiver au plus haut niveau après sa terrible chute de Beaver Creek fin 2007. Si sa première partie de course est correcte, Svindal éprouve beaucoup plus de difficultés ensuite.
Sur la ligne, il signe le deuxième chrono provisoire à 1"02 de Cuche. Ce qui lui permet d'espérer un possible podium.

Herman Maier a réussi un magnifique début de saison en Super-G avec une victoire à Lake Louise et une 2e place à Beaver Creek. Il est d'ailleurs en tête du classement de la spécialité avant ces Mondiaux. Mais c'est un jour sans pour l'Autrichien. Au premier inter, il pointe déjà à près d'une seconde de Cuche. Maier termine 18e de ce Super-G, très loin de son meilleur niveau. « Herminator » annoncera quelques mois plus tard la fin de sa carrière marquée notamment par son formidable doublé Super-G et géant aux Jeux Olympiques de Nagano en 1998, intervenu quelques jours après son effroyable chute sur la descente.

C'est au tour de Didier Défago d'être dans le portillon de départ. Le skieur suisse sait que sur cette piste très exigeante il va falloir qu'il se batte, qu'il ait le bon timing pour produire de la vitesse. Mais Défago ne réussit pas à trouver la clé pour dompter cette Face.

Sur la ligne, le chrono est impitoyable : 1"69 de retard sur Cuche ! « *Je n'ai pas eu un bon feeling* » explique Didier Défago, tout en ajoutant « *Je suis même un peu surpris de ne pas être plus loin que cela du chrono de Cuche...* ».

Après le passage de ces trois grands champions, on se demande qui peut encore inquiéter Didier Cuche dans sa position de leader. Les dossards se succèdent avant que la course ne soit interrompue : l'Allemand Andreas Strodl vient de chuter.

Après quelques minutes d'attente, Peter Fill et son dossard 26 sont annoncés au départ. L'Italien a remporté en début de saison une superbe victoire en Coupe du monde sur la descente de Lake Louise. Dans le récent Super-G de Kitzbühel, il a signé une excellente 5e place, juste derrière Didier Cuche...

Au moment où il s'élance, Fill sait que Cuche est en tête avec plus d'une seconde d'avance sur Svindal. Aller chercher la victoire sera sans doute très difficile mais de savoir que le troisième n'est autre que son compatriote Innerhofer lui apporte une grosse motivation. Attention, c'est donc un bon candidat pour cette course d'un jour.

Sur une piste déjà un peu marquée, l'Italien prend quelques risques et réalise une belle fin de parcours. Il signe le 2e chrono à 99 centièmes de l'imbattable Didier Cuche.

C'est un très bel exploit que Peter Fill vient de réussir : décrocher sa première grande récompense mondiale avec une superbe médaille d'argent. Qui plus est, juste devant Aksel Lund Svindal qui se pare de bronze, ce qui permet au Norvégien de décrocher sa quatrième médaille mondiale, la première en Super-G.

Didier Cuche est enfin champion du monde ! Il a réussi une performance majuscule dans ce Super-G en réalisant la course parfaite sur une piste extrême. Cette première médaille d'or de sa carrière en championnats du monde consacre le champion Suisse, déjà vainqueur de huit épreuves de Coupe du monde et lauréat du classement général de la descente ces deux dernières années.

Le Neuchâtelois est le troisième Suisse à devenir champion du monde en Super-G, après Pirmin Zurbriggen en 1987 et Martin Hangl en 1989. Une fois la victoire acquise, les premiers mots de Didier Cuche sont pour son coéquipier Daniel Albrecht.

Le skieur haut-valaisan, qui aurait pu remporter plusieurs médailles à Val d'Isère, n'est pas là. Et pour cause : il est toujours plongé dans le coma après sa terrible chute à Kitzbühel il y a tout juste deux semaines.

Daniel Albrecht était en tête du classement de la Coupe du monde. « *Je suis persuadé que, sans son accident, il aurait fait une carrière extraordinaire. Dans ces moments là, après le choc de Kitzbühel, on est conscient que cela peut nous arriver à tout moment* », indique Didier Cuche.

Lorsqu'il quitte l'aire d'arrivée avec sa médaille d'or autour du cou, Didier Cuche a beaucoup de raisons d'être très fier de sa course. « *La sensation du devoir accompli et la satisfaction qui allait avec m'ont permis de dormir comme un bébé* », se souvient Didier Cuche. Un bébé qui devient à 34 ans le champion du monde de ski alpin le plus âgé de l'histoire !

Avant de s'endormir, le nouveau champion du monde de Super-G participe autour du bar de l'hôtel Les Savoyards à une belle fête mais qui sera courte en raison du premier entraînement de la descente programmé dès le lendemain.

Commencer aussi bien un championnat du monde ne peut que faire du bien à une équipe. La maison Suisse est donc pleine à craquer avec une belle ambiance pour fêter une victoire et un anniversaire.

Celui de Martin Rufener qui ne pouvait pas rêver mieux comme cadeau le jour de ses 50 ans !

Podium du Super-G hommes disputé à Val d'Isère le 4 février 2009 dans le cadre des Championnats du monde de ski alpin

Médaille d'or : **Didier Cuche** (Suisse) - **1'19"41**
Médaille d'argent : **Peter Fill** (Italie) - **1'20"40**
Médaille de bronze : **Aksel Lund Svindal** (Norvège) - **1'20"43**

Super-G - Palmarès Championnats du monde de ski alpin - 1987 à 2021

ANNEE	LIEU	CHAMPIONNE DU MONDE	CHAMPION DU MONDE
1987	Crans Montana	Maria WALLISER	Pirmin ZURBRIGGEN
1989	Vail	Ulrike MAIER	Martin HANGL
1991	Saalbach	Ulrike MAIER	Stephan EBERHARTER
1993	Morioka Shizukuishi	Katja SEIZINGER	Course annulée
1996	Sierra Nevada	Isolde KOSTNER	Atle SKAARDAL
1997	Sestrières	Isolde KOSTNER	Atle SKAARDAL
1999	Vail	Alexandra MEISSNITZER	Lasse KJUS Hermann MAIER
2001	Sankt Anton Am Arlberg	Régine CAVAGNOUD	Daron RAHLVES
2003	Saint-Moritz	Michaela DORFMEISTER	Stephan EBERHARTER
2005	Bormio	Anja PAERSON	Bode MILLER
2007	Åre	Anja PAERSON	Patrick STAUDACHER
2009	Val d'Isère	Lindsey VONN	Didier CUCHE
2011	Garmisch Partenkirchen	Elisabeth GOERGL	Christof INNERHOFER
2013	Schladming	Tina MAZE	Ted LIGETY
2015	Vail Beaver Creek	Anna FENNINGER	Hannes REICHELT
2017	Saint-Moritz	Nicole SCHMIDHOFER	Erik GUAY
2019	Åre	Mikaela SHIFFRIN	Dominik PARIS
2021	Cortina d'Ampezzo	Lara GUT-BEHRAMI	Vincent KRIECHMAYR

La descente...

en 12 lignes

Tout schuss, à grande vitesse

Épreuve reine du ski alpin, la descente est la plus longue, la plus rapide et la plus risquée des disciplines.

Les athlètes dévalent des parcours très difficiles à grande vitesse, faits de pentes vertigineuses, de passages de glisse, de virages exigeants et de sauts impressionnants.

Cette discipline est très éprouvante physiquement. Les athlètes atteignent des vitesses de plus de 130 km/h **sur des tracés très glacés qui offrent ainsi une piste la plus équitable possible au fur et à mesure des départs.**

La victoire se dispute sur une seule manche et la descente peut se dérouler uniquement si au moins un **entraînement chronométré a eu lieu avant la compétition.**

JOUR 5

Une journée sur le toit du monde

Schladming, 10 février 2013

Lorsque Marion Rolland rallume son smartphone ce matin du 10 février 2013 avant de monter sur son vélo d'échauffement, elle découvre un texto envoyé par son père : « *Il y a déjà eu l'argent, il y a déjà eu le bronze, il reste un métal à ramener pour l'équipe de France. Alors vas-y, c'est ton jour...* ».

Effectivement, c'est le jour de la descente des Championnats du monde à Schladming. Marion Rolland et les meilleures spécialistes de la vitesse au monde ont rendez-vous à 11h au sommet de la Planai.

Ces Mondiaux ont déjà bien souri aux skieurs tricolores. Gauthier de Tessières, initialement remplaçant, s'est paré d'argent en Super-G. David Poisson a terminé troisième de la descente messieurs. Alors pourquoi ne pas continuer !

Sur les 41 skieuses engagées, on compte plusieurs favorites. Il y a bien sûr l'Autrichienne Anna Fenninger qui joue à domicile, l'Allemande Maria Hoefl-Riesch et la Slovène Tina Maze.

Il faut aussi surveiller l'Italienne Nadia Fanchini, grande habituée des performances sur les événements importants. Quant à celle qui aurait été la grande favorite, Lindsey Vonn, elle s'est malheureusement gravement blessée au cours du Super-G quelques jours auparavant. Côté tricolore, elles ne sont que deux au départ : Marie Marchand-Arvier et Marion Rolland.

Marion est montée sur les skis dès l'âge d'un an et demi. Depuis toute jeune, elle est membre du ski club des 2 Alpes et les résultats arrivent assez rapidement. « *J'avais juste envie d'aller le plus loin possible en Coupe du monde, aux Jeux Olympiques pour gagner des courses, des coupes et des médailles* », précise Marion Rolland.

Elle intègre l'équipe de France en 1999 et dispute sa première course en Coupe du monde en janvier 2004 sur la descente de Haus Im Ennstal.

Cinq ans plus tard, elle franchit une étape significative dans ses performances à Bansko en Bulgarie en rentrant pour la première fois dans un Top 10 en descente, discipline reine du ski alpin. Aux Championnats du monde de Val d'Isère, Marion signe la meilleure performance française en descente avec une très belle 5e place.

Puis en 2010, c'est le départ raté lors de la descente des Jeux Olympiques de Vancouver. Marion chute quelques mètres après s'être élancée. Les images de cette séquence, reprises en boucle dans les médias et sur Internet, font le tour du monde et vont générer une multitude de cruelles moqueries. Totalement injustifiées quand on connait un tant soit peu le monde du haut niveau en ski alpin !

D'autant que Marion se blesse avec une rupture des ligaments croisés du genou gauche. Elle doit à nouveau subir une intervention chirurgicale à ce genou, déjà touché à l'entraînement à Altenmark en 2007.

Depuis le début de cette saison 2012/2013, Marion Rolland ne cesse de progresser en se rapprochant descente après descente du podium. Elle termine 9e du Critérium de la première neige à Val d'Isère, 8e à St Anton et 4e à Cortina d'Ampezzo, quelques jours avant d'arriver à Schladming.

La descente des Championnats du monde se dispute sur la mythique Planai, piste sur laquelle Marion Rolland n'a pas beaucoup skié dans le passé.

Mais c'est une piste qui lui plaît. « *Si c'était du vélo, on dirait que c'est une piste roulante. Une piste qui suit le tracé de la montagne, sans trop de changements de direction. On est en permanence sur de la glisse pour essayer d'emmener de la vitesse de haut en bas* », commente Marion Rolland.

A l'occasion des Finales 2012 disputées un an avant sur le lieu des Mondiaux, elle s'imprègne avec un certain succès du tracé de la Planai. Elle y signe deux très belles performances en montant pour la première fois de sa carrière à deux reprises sur le podium.

En descente, elle se classe 2e et en Super-G termine à la 3e place. De quoi donner à l'Iséroise de la confiance pour ce grand rendez-vous de Schladming !

Cette descente des Mondiaux 2013, Marion Rolland la prépare depuis longtemps. Elle a beaucoup travaillé physiquement, sur ses skis et aussi mentalement. Dès le début de l'été 2009, elle met en place avec son préparateur mental un programme avec un rythme de deux à trois séances par mois jusqu'au début de l'hiver.

« *Quand j'arrive à Schladming, l'épisode de Vancouver est oublié. Je suis aux Mondiaux pour mettre en œuvre la suite de mon plan. J'ai pris de la confiance, de l'expérience. Je ne suis pas au départ de ces Mondiaux avec un esprit de revanche »*, explique Marion.

Mais dans le Super-G, première épreuve de vitesse à Schladming, Marion ne se classe que 22e ! Loin, très loin des espérances du clan tricolore et de Nicolas Burtin, chef du groupe vitesse dames de l'équipe de France.

Ce qu'il exprime très directement en causerie d'après course : « *On s'est pris avec Marie (Marchand-Arvier) une grosse engueulade. J'ai noté toutes les infos qui nous ont été transmises sans vraiment m'arrêter sur cet épisode un peu rude. Je me suis très vite remobilisée sur mon objectif : la descente* », se souvient Marion.

Dans les heures qui précèdent la descente, tout s'enchaîne parfaitement bien pour la skieuse des 2 Alpes. Elle a bien dormi et n'a pas fait de mauvais rêve. Elle est prête physiquement et dans sa tête.

C'est une belle journée de février qui attend les descendeuses. Il fait beau, froid et la Planai est verglacée. La séance de ski libre de Marion se déroule parfaitement bien.

Pendant la reco, elle visualise avec précision les trajectoires qu'elle va prendre en course. Puis arrive le moment de l'échauffement qui précède le portillon de départ. Marion se souvient alors d'un épisode aux Mondiaux de Garmisch en 2011.

Elle se dirige vers Luc Alphand « *Vous pouvez me filmer mais je ne veux pas que vous vous approchiez trop près de moi. Laissez-moi dans ma bulle, face à ma course !* ». Consigne qui sera parfaitement respectée par l'équipe de France 2.

Marion Rolland **sera** la dernière du Top 7 mondial à s'élancer avec son dossard 22. Près de la cabane de départ, elle suit sur l'écran de télévision la course de Nadia Fanchini qui porte le dossard 2.

Malgré une première section moyenne, l'Italienne allume ensuite du vert sur les quatre intermédiaires suivants. Sur la traverse, ce passage délicat et compliqué à négocier sur la Planai, Fanchini arrive à conserver une très bonne vitesse.

Elle coupe la ligne avec le meilleur chrono provisoire et s'installe sur le fauteuil de leader. Elle va y rester de très longues minutes. Au fur et à mesure que les descendeuses s'élancent, elles butent toutes sur le chrono de l'Italienne.

A partir du dossard 15, le ciel bleu se voile légèrement comme pour annoncer le « Money Time » dans cette descente. Très à l'aise sur la partie haute de la Planai, la Suissesse Nadja Kamer est la première à s'approcher du chrono de Fanchini.

Elle se classe 2e provisoire à 58 centièmes. Puis l'Allemande Maria Hoefl-Riesch, sacrée championne du monde de super-combiné il y a tout juste deux jours, prend la deuxième place provisoire à 54 centièmes de l'Italienne.

C'est au tour de la Slovène Tina Maze de s'élancer. Mais rien n'y fait, celle qui domine la saison de Coupe du monde termine à plus d'une seconde !

C'est parti pour Marion Rolland. Sa mise en action est bonne. La suite est excellente. Au deuxième inter, elle allume du vert et pointe avec une avance de 68 centièmes sur Fanchini ! Après la bosse principale se situant à mi-course, Marion aborde une grande courbe pied gauche et perd un peu ses appuis sur une plaque de glace.

Sans doute quelques centièmes qui viennent de s'envoler, juste avant d'aborder la traverse. Sa course n'est pas parfaite, jalonnée de petites fautes mais Marion glisse plus vite que toutes les autres descendeuses sur cette Planai. Même si son avance a tendance à se réduire, elle est toujours en tête aux inters 3 et 4.

Sur la traverse, elle prend une trajectoire haute et emmène beaucoup de vitesse, gage d'un très bon final sur le mur qui conduit vers l'arrivée.

Quand Marion coupe la ligne, elle allume du vert en étant 16 centièmes plus rapide que Fanchini. Elle libère alors toute l'énergie et la pression qu'elle a accumulées ces derniers mois en poussant un cri qui résonnera longtemps dans l'aire d'arrivée de la Planai, et bien au-delà !

« *Avec mon dossard 22, je sais que je viens de faire un gros coup. Je ne me dis pas que j'ai gagné, mais cela peut jouer pour un podium !* », se dit Marion dans l'aire d'arrivée en commençant à réaliser ce qu'elle vient d'accomplir.

Son chrono de 1'50"00 ne sera pas battu. La skieuse des 2 Alpes vient de décrocher l'or en Autriche, dans la discipline reine du ski alpin. Elle devance l'Italienne Nadia Fanchini, médaille d'argent, et l'Allemande Maria Hoefl-Riesch, qui se pare de bronze.

La Marseillaise peut retentir à Schladming. A 30 ans, Marion Rolland est sur le toit du monde. Elle vient de signer un exploit phénoménal : remporter la descente des Championnats du monde sans avoir jamais gagné une seule descente en Coupe du monde ! « *C'est juste génial, estomaquant, ça enlève les mots* », commente Marion Rolland au micro de France 2.

François Hollande, alors Président de la République, salue cet exploit dans un communiqué de presse : « *Sa performance témoigne de l'excellence du ski français* ».
En effet, Marion Rolland est la première Française depuis Marielle Goitschel en 1966 à Portillo à remporter un titre de championne du monde en descente.

Sur le podium, Marion ne reçoit pas la traditionnelle bouteille de champagne. On la lui remettra plus tard, après le contrôle anti dopage. Et pour cause, son nom doit être inscrit sur l'étiquette de la bouteille et sa victoire n'était pas du tout attendue dans la station Autrichienne !

Cette bouteille, Marion ne l'a toujours pas débouchée au moment où j'écris ces lignes. Qui sait, peut-être l'ouvrira-t-elle à l'occasion de la descente des Championnats du monde de Courchevel Méribel 2023 pour célébrer une nouvelle superbe performance tricolore.

Dix ans presque jour pour jour après avoir été sur le toit du monde !

Podium de la descente dames disputé à Schladming le 10 février 2013 dans le cadre des Championnats du monde de ski alpin

Médaille d'or : **Marion Rolland** (France) - 1'50"00
Médaille d'argent : **Nadia Fanchini** (Italie) - 1'50"16
Médaille de bronze : **Maria Hoefl-Riesch** (Allemagne) - 1'50"70

JOUR 6

Dans son jardin de Garmisch

Garmisch-Partenkirchen, 12 février 2011

En ce mois de mars 2018, j'ai rendez-vous sur Twitter pour une interview en ligne. Grâce à cette initiative digitale, j'ai réussi via le petit oiseau bleu à dialoguer avec de très grands noms du ski alpin : Marcel Hirscher, Tina Maze, Alexis Pinturault, Federica Brignone, Luca de Aliprandini, Michelle Gisin...

Aujourd'hui, j'attends ma connexion avec Erik Guay, le plus capé des skieurs canadiens. C'est bientôt l'heure du déjeuner à Mont Tremblant au Québec. Erik rentre tout juste d'une sortie de ski avec ses enfants.

Parmi toutes mes questions, je lui demande quel est le mot qui le décrit le mieux. Erik répond : « *Si je devais choisir un mot pour me décrire, je dirais « Déterminé ». Car je crois que le travail acharné à long terme porte toujours ses fruits* ».

Effectivement, Erik a commencé à « travailler » sur les skis dès qu'il a su marcher. Depuis l'âge de 5 ans, il pratique la compétition et commence dès 12 ans à s'entraîner régulièrement avec son père.

C'est en décembre 2000 qu'Erik Guay prend part pour la première fois à une épreuve de Coupe du monde à l'occasion du géant de Val d'Isère.

En novembre 2003, il monte pour la première fois sur un podium de Coupe du monde. Il a 22 ans et signe une superbe 2e place en descente à Lake Louise.

Il faudra attendre quelques années avant qu'Erik ne se hisse tout en haut d'un podium. Le 24 février 2007 précisément, il est le plus rapide sur la descente de Garmisch-Partenkirchen et devance le Slovène Andrej Jerman et le Suisse Didier Cuche.

Puis au cours de la saison 2009/2010, il remporte le petit globe de cristal en Super-G après avoir gagné les deux dernières courses de la saison à Kvitfjell et à Garmisch. Seules récompenses qui manquent encore à son palmarès : une médaille olympique et une médaille mondiale.

Au moment où il arrive en février 2011 à Garmisch, sa meilleure performance dans des Mondiaux de ski alpin est une 4e place en descente à Åre en 2007, course remportée par le Norvégien Aksel Lund Svindal.

Erik Guay est le chef de file de la délégation canadienne qui compte 25 athlètes. L'équipe de vitesse y est très amoindrie. Les descendeurs Manuel Osborne-Paradis et John Kucera, tenant du titre en descente, sont absents en raison de blessures.

Erik Guay, lui aussi, n'a pas été épargné par les blessures. Au cours de sa carrière, il a subi six opérations chirurgicales aux genoux. Il a d'ailleurs été contraint à une saison blanche en 2014/2015.

Sa préparation avant ces Championnats du monde de Garmisch-Partenkirchen est gênée par des douleurs au dos qui l'empêche de disputer l'étape mythique de Wengen à la mi-janvier.

La descente masculine des Mondiaux se déroule le samedi 12 février. La météo à Garmisch a beaucoup évolué depuis le Super-G remporté 3 jours plus tôt par l'Italien Christof Innerhofer.

La température est de 9 degrés et la qualité de la neige a changé en raison du redoux.

Ils sont 54 descendeurs au départ du Kandahar, piste bien connue des spécialistes de la vitesse qui l'ont déjà courue à maintes reprises en Coupe du monde.

Avec plusieurs passages célèbres – Tröglhang, Himmelreich, Eishang, Hölle... –, le Kandahar reste l'une des descentes les plus spectaculaires et techniques du circuit de la Coupe du monde.

La piste a été rallongée pour ces Mondiaux 2011 et son tracé remanié. Après une descente longue de 3300 mètres, les coureurs rejoignent l'arrivée située à un peu moins de 800 mètres d'altitude, avec des chronos qui vont flirter avec les deux minutes pour les meilleurs d'entre eux.

C'est Yannick Bertrand qui ouvre le portillon avec son dossard 1. Mais le skieur français ne peut pas défendre ses chances, diminué par une grosse béquille à la cuisse. Son chrono sera très vite battu.

Les départs se succèdent et il faut attendre le dossard 9, celui de Christof Innerhofer, pour que le tableau d'affichage inscrive un premier temps de référence. Avec un chrono de 1'59"17, le skieur italien est en effet le premier à passer sous la barre des 2 minutes.

Juste derrière lui, Erik Guay sait qu'il a un bon dossard, avec le 10. Car tous ceux qui s'élanceront derrière lui vont trouver une piste déjà plus marquée.

Erik Guay a réussi de bons entraînements sur ce Kandahar. Pour autant, sa première partie de course est loin de constituer une référence.

Dès le premier intermédiaire, il pointe avec un retard de 9 centièmes par rapport à Innerhofer. Mais il franchit ensuite remarquablement bien la partie technique avec les deux sauts et allume du vert au 4e intermédiaire avec 47 centièmes d'avance et surtout avec une très bonne vitesse.

Son bas de parcours est très rapide et lorsqu'il coupe la ligne, Erik Guay se retourne vers le tableau d'affichage pour découvrir son chrono. Il lève le bras droit pour signifier sa satisfaction : leader avec 76 centièmes d'avance sur Christof Innerhofer.

« *Ce n'est pas un sans faute mais c'est une bonne course, c'est certain ! Je suis resté calme et j'ai respecté mon plan pour franchir les passages clés avec de la vitesse. J'ai skié à mes limites* », **commente Erik Guay.**

Mais il sait qu'il va devoir attendre avant de penser à une éventuelle médaille. Car dans le passé, Erik est déjà passé plusieurs fois à côté, notamment aux Jeux Olympiques.

À Turin en 2006, il termine 4e du Super-G et manque la médaille de bronze pour un dixième de seconde.

Quatre ans plus tard au Canada, à l'occasion des Jeux Olympiques d'hiver de Vancouver, il termine 5e en descente. En Super-G, il est également 5e et rate d'un souffle (3 centièmes) la médaille de bronze et de 6 centièmes la médaille d'argent.

Rageant !

Il y a encore beaucoup de cadors de la glisse qui attendent dans la cabane de départ : Adrien Théaux, qui a été le plus rapide lors du dernier entraînement ; Michael Walchhofer qui dispute ses derniers Championnats du monde ; l'Américain Bode Miller et aussi le norvégien Aksel Lund Svindal ; et bien sûr, Didier Cuche, le grand favori.

Les tribunes de l'aire d'arrivée sont d'ailleurs copieusement remplies de supporters helvètes qui ont fait le déplacement avec leurs drapeaux rouge et blanc.

C'est au tour d'Adrien Théaux de s'élancer. Le skieur de Val Thorens est en confiance et en forme après son très bon entraînement de la veille. Mais hélas, ses espoirs ne vont durer qu'une quinzaine de secondes…

Un virage pris un peu large et Adrien Théaux perd l'un de ses skis. Il termine sa course dans les filets de protection. Sa première chute de l'hiver, le jour des Championnats du monde, avec en prime une blessure à la hanche !

Puis les départs défilent avec Michael Walchhofer, Johan Clarey, Peter Fill… sans véritablement changer la donne. Le meilleur d'entre eux, Walchhofer, termine à presque deux secondes de Guay !

Le Norvégien Svindal s'élance avec le dossard 17. Dès le 2e intermédiaire, le chrono est impitoyable : 67 centièmes de retard. Et l'écart se creuse encore au fur et à mesure qu'il dévale le Kandahar. Malgré un énorme dernier saut avant l'arrivée, Svindal coupe la ligne avec le 3e temps.

Tous les descendeurs franchissent la ligne d'arrivée très fatigués. C'est en effet la première fois à Garmisch qu'ils doivent franchir 4 à 5 virages très difficiles qui demandent beaucoup d'efforts.

Entraîné par sa vitesse et fatigué par une piste sur laquelle il s'est bien fait taper, Svindal se fait surprendre. Il n'arrive pas à réduire sa vitesse dans l'aire d'arrivée un peu trop étroite. Il heurte violemment les boudins de protection.

Durement secoué, le Norvégien reste groggy de longues secondes. La course est interrompue, le temps que Svindal récupère, ce qu'il fait péniblement. Didier Cuche doit patienter dans le portillon...

Leader du classement de la Coupe du monde en descente, le skieur suisse vient chercher sa revanche à Garmisch car deux ans plus tôt sur la Face de Bellevarde à Val d'Isère, il avait échoué à 4 centièmes de John Kucera, premier Canadien à remporter un titre mondial en ski alpin.

Une ovation salue l'instant où Cuche s'élance vers la conquête de ce titre mondial qui lui fait encore défaut.

En retard de 5 centièmes au premier inter, il aborde la partie plus calme et plus douce du Kandahar avec 23 centièmes d'avance, performance saluée comme il se doit par les fans suisses.

Mais Cuche a-t-il négocié aussi bien qu'à l'entraînement le passage du Tröglhang qui conditionne la vitesse sur le plat ?

Le chrono va très vite donner la réponse. À la sortie de cette longue partie de glisse tracée dans la forêt, le skieur Suisse a perdu la moitié de son avance.
Il aborde ensuite la partie technique, là où le Canadien a été exceptionnel. L'écart s'inverse et Cuche allume du rouge. Il concède à cet instant 24 centièmes au skieur Canadien.

Mais l'écart se réduit et Cuche n'a plus que 9 centièmes de retard au moment où il prend la position de recherche de vitesse pour foncer vers la ligne. Le suspense est à son comble.

Au passage de la dernière porte, son ski gauche s'écarte et part vers le haut. Faute immédiatement corrigée, mais qui va lui coûter quelques centièmes...

Comme Svindal, Cuche a du mal à freiner sa vitesse après la ligne d'arrivée. Il heurte sèchement les boudins de protection mais il réussit tout de même à rester debout.

Dans les tribunes, les fans Suisses fixent du regard le tableau d'affichage pour découvrir le chrono de leur champion : 1'58"73.

Didier Cuche est 2e à 32 centièmes d'Erik Guay !

Le Suisse ne sera donc pas champion du monde sur le Kandahar de Garmisch. Deux ans après les Mondiaux de Val d'Isère, il échoue à nouveau avec cette 2e place dans la conquête du titre mondial en descente.

Grand froid dans la tribune mais pas pour longtemps car c'est au tour des fans Autrichiens de prendre le relais. Mais ni Romed Baumann, ni Klaus Kroell ne vont réussir à faire mieux qu'Erik Guay. Ils échouent respectivement à 1"10 et 2"17.

Le dernier sans doute à pouvoir battre le Canadien est Bode Miller. Les trajectoires de l'Américain sont très directes et il ne prend pas suffisamment de vitesse.

Il le paye cash à l'arrivée en accusant un retard de près de 2 secondes et demi sur Guay.

Le podium est désormais bien établi. Erik Guay est champion du monde, Didier Cuche doit se contenter de la médaille d'argent et Christof Innerhofer du bronze.

« *Il faut savoir accepter que quelqu'un d'autre signe une performance exceptionnelle pour aller chercher une victoire, et s'estimer satisfait d'une deuxième place qui est toujours mieux que passer à côté d'un podium* » commente avec beaucoup de fairplay Didier Cuche.

Erik Guay peut désormais célébrer sa victoire dans l'aire d'arrivée. Elle permet au Canada de conserver le titre qu'avait remporté John Kucera, il y a deux ans à Val d'Isère.

« *John a gagné le titre il y a deux ans et j'étais là pour voir ça. Il n'a pas pu le défendre aujourd'hui mais je suis content de poursuivre la série pour le Canada. C'est une sensation assez particulière* », précise Erik Guay.

Cette médaille d'or remportée par le skieur du Mont Tremblant apporte une grosse bouffée d'oxygène au ski alpin canadien qui avait raté les Jeux d'hiver 2010 disputés à la maison à Vancouver. Et plus particulièrement à son équipe de descendeurs, décimée depuis deux saisons par les blessures.

Le Kandahar à Garmisch est décidément la piste fétiche d'Erik Guay. C'est un peu son « jardin », là où il a remporté deux succès. C'est ici sur cette piste bosselée et ondulée qu'il a réussi à décrocher le globe de cristal du Super-G en 2010, et signer deux autres podiums.

« *Je me sens toujours bien quand je viens à Garmisch. C'est une piste où j'ai l'impression de pouvoir attaquer partout. C'est un endroit vraiment spécial pour moi* », explique Erik Guay.

A la suite de ce titre mondial en descente, il sera sacré à nouveau champion du monde, cette fois en Super-G en 2017 à Saint-Moritz, et vice-champion du monde en descente également dans la station du canton des Grisons.

Lors de l'annonce de sa fin de carrière en novembre 2018, Erik aura ce superbe commentaire : « *J'espère que j'ai inspiré des jeunes. Je trouve que le ski est l'un des plus beaux sports sur la planète. C'est vrai qu'il y a des risques, mais c'est ce qui rend ce sport plus attirant* ».

Pas mieux !

Podium de la descente messieurs disputé à Garmisch-Partenkirchen le 12 février 2011 dans le cadre des Championnats du monde de ski alpin

Médaille d'or : **Erik Guay** (Canada) - 1'58"41
Médaille d'argent : **Didier Cuche** (Suisse) - 1'58"73
Médaille de bronze : **Christof Innerhofer** (Italie) - 1'59"17

Descente - Palmarès Championnats du monde de ski alpin - 1931 à 1958

ANNEE	LIEU	CHAMPIONNE DU MONDE	CHAMPION DU MONDE
1931	Mürren	Esmé MACKINNON	Walter PRAGER
1932	Cortina d'Ampezzo	Paula WIESINGER	Gustav LANTSCHNER
1933	Innsbruck	Inge WERSIN LANTSCHNER	Walter PRAGER
1934	Saint-Moritz	Anny RUEGG	David ZOGG
1935	Mürren	Christl CRANZ	Franz ZINGERLE
1936	Innsbruck	Evelyn PINCHING	Rudolf ROMINGER
1937	Chamonix	Christl CRANZ	Emile ALLAIS
1938	Engelberg	Lisa RESCH	James COUTTET
1939	Zakopane	Christl CRANZ	Helmut LANTSCHNER
1948	Saint-Moritz	Hedy SCHLUNEGGER	Henri OREILLER
1950	Aspen	Trude JOCHUM-BEISER	Zeno COLO
1952	Oslo	Trude JOCHUM-BEISER	Zeno COLO
1954	Åre	Ida SCHOEPFER	Christian PRAVDA
1956	Cortina d'Ampezzo	Madeleine BERTHOD	Toni SAILER
1958	Bad Gastein	Lucille WHEELER	Toni SAILER

Descente - Palmarès Championnats du monde de ski alpin - 1960 à 1989

ANNEE	LIEU	CHAMPIONNE DU MONDE		CHAMPION DU MONDE	
1960	Squaw Valley	Heidi BIEBL	🇩🇪	Jean VUARNET	🇫🇷
1962	Chamonix	Christl HAAS	🇦🇹	Karl SCHRANZ	🇦🇹
1964	Innsbruck	Christl HAAS	🇦🇹	Egon ZIMMERMANN	🇦🇹
1966	Portillo	Marielle GOITSCHEL	🇫🇷	Jean-Claude KILLY	🇫🇷
1968	Grenoble	Olga PALL	🇦🇹	Jean-Claude KILLY	🇫🇷
1970	Val Gardena	Annerösli ZRYD	🇨🇭	Bernhard RUSSI	🇨🇭
1972	Sapporo	Marie-Therese NADIG	🇨🇭	Bernhard RUSSI	🇨🇭
1974	Saint-Moritz	Annemarie MOSER-PROELL	🇦🇹	David ZWILLING	🇦🇹
1976	Innsbruck	Rosi MITTERMAIER	🇩🇪	Franz KLAMMER	🇦🇹
1978	Garmisch Partenkirchen	Annemarie MOSER-PROELL	🇦🇹	Josef WALCHER	🇦🇹
1980	Lake Placid	Annemarie MOSER-PROELL	🇦🇹	Leonhard STOCK	🇦🇹
1982	Schladming	Gerry SORENSEN	🇨🇦	Harti WEIRATHER	🇦🇹
1985	Bormio	Michela FIGINI	🇨🇭	Pirmin ZURBRIGGEN	🇨🇭
1987	Crans Montana	Maria WALLISER	🇨🇭	Peter MULLER	🇨🇭
1989	Vail	Maria WALLISER	🇨🇭	Hans-Jörg TAUSCHER	🇩🇪

Descente - Palmarès Championnats du monde de ski alpin - 1991 à 2021

ANNEE	LIEU	CHAMPIONNE DU MONDE	CHAMPION DU MONDE
1991	Saalbach	Petra KRONBERGER	Franz HEINZER
1993	Morioka Shizukuishi	Kate PACE	Urs LEHMANN
1996	Sierra Nevada	Picabo STREET	Patrick ORTlELB
1997	Sestrières	Hilary LINDH	Bruno KERNEN
1999	Vail	Renate GOETSCHL	Hermann MAIER
2001	Sankt Anton Am Arlberg	Michaela DORFMEISTER	Hannes TRINKL
2003	Saint-Moritz	Melanie TURGEON	Michael WALCHHOFER
2005	Bormio	Janica KOSTELIC	Bode MILLER
2007	Åre	Anja PAERSON	Aksel Lund SVINDAL
2009	Val d'Isère	Lindsey VONN	John KUCERA
2011	Garmisch Partenkirchen	Elisabeth GOERGL	Erik GUAY
2013	Schladming	Marion ROLLAND	Aksel Lund SVINDAL
2015	Vail Beaver Creek	Tina MAZE	Patrick KÜNG
2017	Saint-Moritz	Ilka STUHEC	Beat FEUZ
2019	Åre	Ilka STUHEC	Kjetil JANSRUD
2021	Cortina d'Ampezzo	Corinne SUTER	Vincent KRIECHMAYR

Le Parallèle...

en 12 lignes

Duels sur deux tracés parallèles

Dans cette discipline, 2 skieurs s'affrontent sur la même piste et empruntent un tracé identique. Après les désormais célèbres « Blue Course Ready » et « Red Course Ready », ils s'élancent pour un run d'environ 20 secondes jalonné par 20 à 30 portes de géant.

Le skieur le plus rapide sur l'ensemble des deux manches se qualifie pour le tour suivant. Cette discipline se dispute en individuel mais également en équipes mixtes avec les 16 meilleures nations.

Les règles de cette épreuve ont régulièrement évolué ces dernières années afin de proposer une compétition la plus équitable et la plus spectaculaire possible.

JOUR 7

La toute première fois

Cortina d'Ampezzo, 16 février 2021

Ce n'est pas une journée ordinaire que les organisateurs des Championnats du monde de Cortina d'Ampezzo s'apprêtent à vivre ce mardi 16 février 2021.

Pour la première fois dans l'histoire du ski alpin, une épreuve de parallèle individuel femmes et hommes s'invite au programme des Mondiaux.

Autre première pour la station des Dolomites (dont elle se serait bien passée) : les compétitions de cette 46e édition se déroulent à huis clos. Pas un seul spectateur en effet dans les tribunes pour encourager les 419 athlètes venus de 68 nations. La faute à la pandémie de Covid-19 qui a frappé le monde entier et notamment l'Italie un an plus tôt.

Mais comment va se dérouler cette épreuve de parallèle individuel ? Tout démarre avec une séance matinale de qualifications à l'issue de laquelle seuls les 16 skieuses et skieurs les plus rapides pourront disputer la phase finale de ce parallèle.

« *On aura un seul passage dans le tracé et ils prennent les huit premières dans chaque tracé* », explique la skieuse de Chamrousse Coralie Frasse-Sombet au micro du Backstage de FFS TV.

En fonction du classement des qualifications, les athlètes sont ensuite répartis par paires dans un tableau à élimination directe. Chaque duel se déroule en deux manches, une sur chaque tracé.

C'est suite à un coup de gueule des athlètes que la FIS a ajusté, en 2020, les règles des courses de parallèle pour calmer les nombreuses critiques qui avaient vu le jour en raison d'un manque d'équité criant.

La compétition se poursuit ensuite avec les huitièmes, puis les quarts, les demi-finales, la petite finale et la finale.

A Cortina d'Ampezzo, le départ du parallèle est donné à une altitude de 2050 m. La piste démarre par un plat assez long suivi d'un mur avec une pente relativement importante qui mène à l'arrivée. L'espacement des portes est d'environ 16 à 20 mètres. Sur les deux tracés censés être identiques, les dossards impairs s'élancent sur un parcours rouge et les dossards pairs sur un bleu.

Il est très difficile d'avancer des noms de favoris avant cette épreuve. Si on prend l'exemple des hommes, les 7 dernières courses de parallèle ont sacré 7 vainqueurs différents : Kjetil Jansrud (2015), Cyprien Sarrazin (2016), Matts Olsson (2017), Marcel Hirscher (2018), Rasmus Windingstad (2019), Loïc Meillard (2020) et Alexis Pinturault (2020).

Plusieurs ténors du ski alpin - Alexis Pinturault, Henrik Kristoffersen, Mikaela Shiffrin, Michelle Gisin - ne sont pas au départ car la discipline ne fait pas partie de leurs priorités pour ces Mondiaux.

Une seule chose est certaine : la journée sera longue pour les athlètes. « *La journée a commencé très tôt, nous nous sommes réveillés à 5h15 pour aller aux qualifications* », précise Mathieu Faivre au micro de FFS TV.

Seuls les 16 skieuses et skieurs les plus rapides chez les femmes et les hommes sont qualifiés pour disputer les 1/8 de finales à partir de 14h. « *Il n'y a pas de tactique, il faut aller à fond* », indique Tessa Worley.

C'est Wendy Holdener chez les femmes et Loïc Meillard chez les hommes qui sont les plus rapides dans cette séquence matinale qui se déroule dans d'excellentes conditions.

Ces qualifications sont marquées par les éliminations de Marco Schwarz, déjà sacré champion du monde du combiné à Cortina et de Petra Vlhova, qui a remporté le seul parallèle de l'hiver disputé à Lech en Autriche.

Le tableau final du parallèle dames démarre à 14h. Il laisse présager de beaux duels : celui entre Paula Moltzan et Wendy Holdener ainsi que l'opposition entre Marta Bassino et Federica Brignone.

Ce choix cruel du tableau final va laisser sur le tapis une des deux skieuses italiennes, à l'instant où le « Team Italia » n'a toujours pas remporté la moindre médaille dans ces Mondiaux.

Chez les hommes, le parcours de deux skieurs, le Suisse Loïc Meillard et le Français Mathieu Faivre, retient particulièrement l'attention durant cette phase finale.

Le Suisse survole la compétition depuis le matin et parvient facilement à se hisser en demi-finale après avoir éliminé successivement le Russe Ivan Kuznetsov puis l'Allemand Linus Strasser.

De son côté, Mathieu Faivre se défait du Finlandais Samu Torsti en huitième puis remporte son duel face à l'Autrichien Fabio Gstrein en quarts de finale.

Run après run, le skieur d'Isola 2000 monte en puissance et fait preuve d'une grande maîtrise sur cette discipline qui semble bien lui convenir.

« J'ai voulu produire mon meilleur ski aujourd'hui et m'engager pleinement dans chaque manche, sans réfléchir à ce qui se passait et aux enjeux », commentera Mathieu Faivre après la course.

Les demi-finales opposent chez les dames Paula Moltzan à Katharina Liensberger et Tessa Worley à Marta Bassino. Chez les hommes, Loïc Meillard se confronte à Filip Zubcic et Mathieu Faivre est opposé à Alexander Schmid.

Pour parvenir en demi-finale, Marta Bassino a remporté son duel face à sa compatriote Federica Brignone. Ce qui a déclenché une très vive colère chez cette dernière en raison de l'inéquité de la course.

La polémique est née du tracé bleu largement plus lent que le rouge mais surtout par ce point du règlement qui veut qu'après le premier run le retard du perdant soit plafonné à 50 centièmes de seconde. Alors qu'il est en réalité souvent beaucoup plus important au regard des courses disputées.

Il est certes impossible d'avoir 2 tracés rigoureusement identiques, et ce même avec le grand professionnalisme des traceurs.

Mais ce plafonnement de l'écart à 0,5 seconde est une aberration car il n'est absolument pas adapté à l'écart creusé réellement entre les 2 tracés. Très clairement, le skieur ou la skieuse terminant sur le tracé rouge est avantagé. *« On savait que le tracé bleu était plus lent et que dans le rouge on pouvait aller plus vite. Donc parfois il faut avoir de la chance. Je pense qu'aujourd'hui j'en ai eu un peu !* » commentera Marta Bassino après la course.

Cela va d'ailleurs jouer un très mauvais tour à Loïc Meillard dans sa demi-finale. Le Suisse remporte très facilement le premier run sur le tracé rouge avec près d'une seconde d'avance sur le Croate Filip Zubcic.
Mais il s'élance sur le parcours bleu avec une avance désormais plafonnée à 50 centièmes. Ce qui ne sera pas suffisant car Meillard rate en effet la finale pour deux petits centièmes !

Chez les dames, la demi-finale qui oppose Tessa Worley à Marta Bassino est très accrochée. Les deux skieuses terminent avec le même temps total, mais l'Italienne bénéficie de la règle du meilleur chrono sur le second tracé. Encore une fois réalisé sur le parcours rouge !
Dans l'autre demi-finale, Katharina Liensberger l'emporte très facilement face à Paula Moltzan.

La « petite finale » dames oppose ensuite Tessa Worley à Paula Moltzan. En première manche, l'Américaine devance la Française de 50 centièmes. Mais dans le deuxième tracé, Worley s'impose très facilement en coupant la ligne avec plus d'une seconde d'avance sur Moltzan. La skieuse bornandine s'empare donc de la médaille de bronze dans cette épreuve du parallèle.

Dans la petite finale hommes, le Suisse Loïc Meillard remporte la médaille de bronze en profitant de l'abandon d'Alexander Schmid, parti à la faute sur le second tracé.

L'heure des finales a sonné. Dans celle des dames, sur les deux runs, Marta Bassino et Katharina Liensberger ne réussissent pas à se départager. L'Italienne et l'Autrichienne signent le même chrono au total des deux manches.

C'est pourtant Marta Bassino qui est déclarée championne du monde car elle a été plus rapide que Liensberger sur le second parcours. Mais la FIS et les organisateurs ont oublié qu'en cas d'égalité en finale, la règle veut que la médaille d'or soit attribuée aux deux skieuses.

Après quelques minutes de confusion, le résultat est heureusement rectifié. Il n'y aura donc pas une première championne du monde de slalom parallèle mais deux : Marta Bassino et Katharina Liensberger.

« *C'était un peu confus sur la ligne d'arrivée. Le chrono affichait 0,00 et je ne savais pas ce qui allait se passer. Que nous puissions être toutes les deux au sommet, c'est vraiment incroyable. Gagner une médaille d'or, c'est le rêve de tout le monde et l'un de mes rêves. Il est devenu réalité aujourd'hui* », commente Katharina Liensberger.

Marta Bassino vient d'apporter à l'Italie la première médaille de ces Mondiaux. Et elle est en or ! « *C'est incroyable ici à Cortina. Nous n'avons pas la foule, ni le public, mais maintenant j'ai une médaille donc je peux penser au géant sans pression ! Et pour l'instant je profite de ce moment* » commente la skieuse italienne.

Dans la finale hommes, Mathieu Faivre réussit l'exploit de remporter sa première manche sur le parcours bleu réputé le moins rapide. Sur la ligne, il compte 23 centièmes d'avance sur Zubcic.

L'Azuréen vient de faire un grand pas vers le titre. Dans le second run, il ne craque pas et devance Zubcic sur la ligne de 48 centièmes.

Le Niçois devient le premier champion du monde de l'histoire du parallèle et remporte la première médaille d'or de l'équipe de France à Cortina d'Ampezzo. Il s'agit également du premier titre individuel pour Mathieu Faivre dans un Championnat du monde de ski alpin.

« Il y a des journées comme celle-là où tout se met dans l'ordre et tout se passe bien. C'est une récompense. C'est extrêmement satisfaisant de savoir que je suis capable de produire ce genre de ski dans un événement comme les Championnats du monde », explique Mathieu Faivre.

Quand le soleil se couche sur les Dolomites ce mardi soir, le livre de la grande histoire du ski alpin s'est enrichi d'une belle nouvelle page sur laquelle sont inscrits trois prénoms en lettres d'or : Marta, Katharina et Mathieu…

Les trois premiers champions du monde de parallèle en individuel.

Podium des épreuves parallèle individuels disputées à Cortina d'Ampezzo le 16 février 2021 dans le cadre des Championnats du monde de ski alpin

Podium hommes
Médaille d'or : **Mathieu Faivre** (France)
Médaille d'argent : **Filip Zubcic** (Croatie)
Médaille de bronze : **Loic Meillard** (Suisse)

Podium dames
Médailles d'or : **Marta Bassino** (Italie) et **Katharina Liensberger** (Autriche)
Médaille de bronze : **Tessa Worley** (France)

JOUR 8

Une Saint Valentin en or

Saint-Moritz, 14 février 2017

En cette veille du parallèle par équipes, c'est la soupe à la grimace pour l'équipe de France de ski alpin. A mi-parcours des Mondiaux de Saint-Moritz, le compteur de médailles des tricolores n'est toujours pas ouvert.

Au cours des 6 premières courses, pas un seul bleu n'a réussi à rentrer dans un Top 5. Et ce lundi ne restera pas dans les mémoires. Grand favori du combiné alpin, Alexis Pinturault a sombré dans le slalom pour terminer à la 10e place ! L'ambiance est donc loin d'être festive dans l'hôtel des bleus à Sils.

La France a besoin d'une médaille pour lancer la suite de ces Mondiaux. Au briefing de fin de journée, Didier Chastan, Directeur des équipes de France, rappelle à tous les athlètes que le parallèle est une discipline où tout peut arriver et qu'ils sont capables de faire une très belle performance le lendemain.

« *Cette réunion de groupe a renforcé la cohésion de notre équipe et nous a motivé. On s'est dit : on va aller la chercher cette médaille !* », se souvient Adeline Baud-Mugnier.

Nouvelle épreuve apparue aux Championnats du monde en 2005, le parallèle mixte par équipe tombe à pic.

Son attractivité est grandissante, d'autant que pour la première fois, il sera au programme des Jeux Olympiques de Pyeongchang en février 2018.

Cette discipline rappelle de très bons souvenirs aux tricolores. En 2011, le début des Mondiaux de Garmisch-Partenkirchen avait pourtant été difficile.
Avant que Tessa Worley, Taïna Barioz, Anémone Marmottan, Gauthier de Tessières, Thomas Fanara et Cyprien Richard ne deviennent champions du monde par équipe.

Ce qui a boosté ensuite les skieurs français qui ont décroché le bronze en géant pour Tessa Worley, l'argent en géant pour Cyprien Richard et l'or en slalom pour Jean-Baptiste Grange.

Les seize meilleures équipes au monde, définies à partir du classement FIS des nations, s'affrontent à Saint-Moritz. Elles sont réparties dans un tableau à élimination directe.

Il y a quatre manches par tour disputées sur deux pistes parallèles, deux duels entre garçons et deux entre filles. Chaque victoire rapporte un point. Si le score est de 2 à 2 à l'issue des 4 manches, les chronos de la meilleure fille et du meilleur garçon sont additionnés et l'équipe la plus rapide l'emporte.

La nation classée n°1, l'Autriche, affronte celle qui occupe la 16e place, la Belgique. L'Italie (2e) est opposée à l'Argentine (15e), et ainsi de suite.

Côté athlètes, presque tous les prétendants à une médaille ont répondu présents. Seuls l'Américaine Mikaela Shiffrin et le Norvégien Henrik Kristoffersen ne sont pas au départ.

Sur le papier, la composition de l'équipe de France a fière allure avec Adeline Baud-Mugnier, Tessa Worley, Alexis Pinturault et Mathieu Faivre. Nastasia Noens et Julien Lizeroux, tous deux remplaçants, se tiennent prêts à entrer en action si nécessaire. Les bleus ont assurément une belle carte à jouer.

« *C'est une discipline que j'affectionne au plus haut point. J'adore ce type de format, notamment le moment du départ. Le parallèle nous prend beaucoup d'énergie et c'est épuisant comme discipline* », explique Adeline Baud-Mugnier.

Ce parallèle est lancé à partir de midi par les huitièmes de finale. La météo est au beau fixe et il va faire chaud sur les deux tracés bleu et rouge au fur et à mesure des manches de qualification.

La Suède, la Suisse et l'Italie infligent un 4 à 0 cinglant à leurs adversaires Slovènes, Croates et Argentins. Le quatuor français se défait assez facilement de la Russie (3 à 1) malgré la défaite d'Alexis Pinturault qui enfourche dans son run face à Pavel Trikhichev.

Lorsqu'Alexis se retrouve à nouveau dans l'aire de départ, ses coéquipiers lui rappellent qu'il est « *temps de se réveiller* » ! La Norvège et la Slovaquie se qualifient également sans difficultés face à la République Tchèque et l'Allemagne.

La sensation de ces 8e de finale, on la doit à un jeune skieur belge de 21 ans. Dans la confrontation qui oppose l'Autriche à la Belgique, Dries Van den Broecke réussit en effet à battre Marcel Hirscher.

C'est la première fois que le champion autrichien est défait dans cette discipline. Une victoire toutefois qui n'empêche pas l'Autriche de se qualifier pour le tour suivant.

France - Norvège est l'une des affiches des quarts de finale. Tessa Worley et Adeline Baud-Mugnier remportent leurs duels tout comme Alexis Pinturault qui prend le meilleur sur Aleksander Aamodt Kilde. Seul Mathieu Faivre lâche un point aux Norvégiens.

Les tricolores l'emportent 3 victoires à 1 et se qualifient pour les demi-finales. Ils seront opposés au vainqueur du choc Autriche-Suède.

« *Je suis hyper confiante par rapport à notre équipe. Plus cela avance, plus je me dis que cela commence à devenir du réel. Je n'ai aucun doute sur le fait qu'on est capable de faire quelque chose de très grand* », commente Adeline Baud-Mugnier.

Les Autrichiens règnent sur cette discipline depuis 2005. Ils ont été sacrés trois fois champions du monde et ont remporté deux médailles d'argent. Ils sont donc très logiquement favoris, mais la Suède a impressionné dans les tours précédents...

La première manche est très accrochée entre Stephanie Brunner et Maria Pietilae Holmner. Les deux skieuses signent exactement le même chrono !

Dans la seconde manche, Marcel Hirscher est en difficulté et ne réussit pas à remporter son duel face à André Myhrer.

La Suède vient de prendre l'avantage sur l'Autriche. Frida Hansdotter et Mattias Hargin terminent le travail et les Suédois éliminent l'Autriche de très belle manière sur le score sans appel de 4 à 1 !

Dans le bas du tableau, la Suisse et le Canada sont à égalité 2/2. Au temps cumulé, c'est la Suisse qui se qualifie pour les demi-finales grâce notamment à Wendy Holdener qui réussit un chrono canon dans sa manche. De son côté, la Slovaquie domine l'Italie 3 victoires à 1.

La demi-finale contre la Suède s'annonce compliquée pour les Français. Adeline Baud-Mugnier apporte le premier point pour l'équipe de France.
Tessa Worley et Mathieu Faivre s'inclinent ensuite dans leurs duels contre Maria Pietilae Holmner et Mattias Hargin.

Les tricolores sont menés 2 points à 1. Le dernier run décisif oppose Alexis Pinturault à Andre Myhrer. En parallèle, tout peut arriver et la moindre erreur coûte très cher.

C'est ce qui se produit : le Suédois craque dès la première partie du tracé et commet une faute rédhibitoire.

Ce qui permet à Pinturault, auteur d'une belle manche, d'égaliser (2/2). Encore une fois tout se joue au temps et la France se qualifie pour la finale grâce à un court avantage de 8 centièmes.

On respire dans le clan Français car la première médaille dans ces 44e Championnats du monde est désormais assurée !

Dans l'autre demi-finale, la Slovaquie crée la surprise en éliminant la Suisse. Au coude à coude pendant toutes les manches, les deux équipes se départagent par le chrono après avoir remporté chacune deux des quatre duels.

Les skieurs helvètes sont privés de finale pour 4 minuscules centièmes !

Dans la petite finale, synonyme de médaille de bronze, la Suède fait tomber la Suisse, qui aurait pu remporter à cette occasion une septième médaille depuis le début de ces Mondiaux.

En finale, les Français sont opposés à la surprenante équipe de Slovaquie qui a éliminé successivement l'Allemagne puis l'Italie, avant de sortir la Suisse.

Dès le premier duel, les Slovaques prennent l'avantage sur les tricolores. Tessa Worley rate son départ et s'incline de 22 centièmes face à Petra Vlhova. Alexis Pinturault poursuit ensuite sa série de victoires en prenant le meilleur sur Andreas Zampa. Slovaquie 1 - France 1.

Adeline Baud-Mugnier est invaincue depuis le début de ce parallèle. Elle affronte la plus Française des Slovaques, Veronika Velez-Zuzulova, avec qui elle s'est entraînée l'été passé. La skieuse des Gets sait qu'elle est rapide sur ce type de course mais aussi qu'avec « Zuzu », cela va être très serré. Adeline perd sa manche pour 20 centièmes. La Slovaquie prend l'avantage 2 points à 1.

Tout va se jouer dans le dernier run. Mathieu Faivre est opposé à Matej Falat. Le skieur d'Isola 2000 réussit un départ canon et le Slovaque ne le reverra pas. Mathieu remporte sa manche haut la main.

Depuis la cabane de départ, les coachs et techniciens de l'équipe de France n'ont rien manqué de ce superbe run. L'un d'entre d'eux s'écrie : « *On a gagné, on a gagné...* ». Mais dans l'aire d'arrivée, Adeline, Tessa, Alexis et Mathieu ne savent pas encore qui a gagné.

Parce ce que l'égalité est parfaite entre la France et la Slovaquie : 2 à 2 !

Encore une fois, c'est le chrono qui va décider ! Le tableau d'affichage libère les tricolores : ils ont été les plus rapides au cumul des chronos pour 8 petits centièmes.

L'équipe de France est sacrée championne du monde du parallèle par équipes. En ayant éliminé successivement la Russie (3-1), la Norvège (3-1), puis en s'imposant au chrono face à la Suède (2-2) et face à la Slovaquie en finale (2-2).

Adeline Baud-Mugnier, Tessa Worley, Alexis Pinturault et Mathieu Faivre ont réussi à faire rebondir l'équipe de France après un très difficile début de Championnats du monde pour les tricolores.

Dans cette compétition très disputée et aux résultats plus que serrés, Adeline, Tessa, Alexis et Mathieu ont contribué au succès de l'équipe en apportant, chacun leur tour, des points précieux pour aller chercher la qualification, et au final, la victoire.

Les deux remplaçants, Nastasia Noens et Julien Lizeroux, ont aussi joué un rôle important. Ils ont suivi attentivement chacune des manches, scruté la moindre faute technique pour conseiller et encourager ensuite leurs coéquipiers.

C'est donc avant tout la victoire d'un collectif en or. De quoi mettre du baume au coeur à l'équipe de France, très décevante jusqu'ici à Saint-Moritz, avec cette magnifique victoire collective.

Ce parallèle par équipes vient d'offrir un très beau spectacle aux fans de ski présents et aux téléspectateurs qui ont suivi la retransmission dans de nombreux pays.

La cérémonie des médailles est l'occasion de scènes de joie collectives sur le podium. Avant qu'une magnifique marseillaise résonne dans les montagnes du canton des Grisons.

Dans la soirée, Adeline, Tessa, Nastasia, Alexis, Mathieu et Julien prennent la pause pour une photo. Ils tiennent dans la main une petite pancarte avec cette inscription positionnée près d'un cœur « On pense à toi Valou ».

Un message en or en ce jour de la Saint Valentin pour leur copain Valentin Giraud-Moine, gravement blessé juste avant les Mondiaux sur la descente de Garmisch-Partenkirchen.

Podium du parallèle mixte par équipes disputé à Saint-Moritz le 14 février 2017 dans le cadre des Championnats du monde de ski alpin

Médaille d'or : **France**
Médaille d'argent : **Slovaquie**
Médaille de bronze : **Suède**

Parallèle mixte par équipes - Palmarès Championnats du monde de ski alpin - 2005 à 2021

ANNEE	LIEU	OR	ARGENT	BRONZE
2005	Bormio	Allemagne	Autriche	France
2007	Åre	Autriche	Suède	Suisse
2011	Garmisch Partenkirchen	France	Autriche	Suède
2013	Schladming	Autriche	Suède	Allemagne
2015	Vail Beaver Creek	Autriche	Canada	Suède
2017	Saint-Moritz	France	Slovaquie	Suède
2019	Åre	Suisse	Autriche	Italie
2021	Cortina d'Ampezzo	Norvège	Suède	Allemagne

Le Géant...

en 12 lignes

Trajectoires précises sur tracés sinueux

Discipline technique, le géant requiert une grande précision, une grande vélocité dans l'exécution des mouvements et un bon sens du rythme afin de négocier au mieux les courbes avec beaucoup d'enchaînements.

Disputé dans le passé en une manche, le géant se court aujourd'hui en 2 manches, sur des tracés souvent exigeants, plus sinueux que ceux des épreuves de vitesse.

Les 30 skieurs les plus rapides en première manche sont qualifiés pour la seconde. Ils s'élancent alors dans l'ordre inverse de celui du classement de la première manche. La victoire revient à l'athlète dont le temps total sur les deux manches est le plus faible.

JOUR 9

Sur un nuage

Schladming, 14 février 2013

C'est le jour des géantes dans la station autrichienne de Schladming. 139 skieuses sont inscrites sur la Start List pour se disputer le titre de championne du monde sur la Planai.

Il y a très longtemps qu'une skieuse française n'a pas remporté un géant aux Championnats du monde. Il faut en effet remonter au 10 février 1993 avec Carole Merle qui avait alors inscrit son nom en lettres d'or sur le palmarès des Mondiaux et fait résonner la marseillaise à Morioka Shizukuishi au Japon.

La meilleure chance tricolore est Tessa Worley. Le géant est sa discipline de prédilection. Les appuis qu'il faut prendre, les courbes, le timing, la vitesse : tout correspond au tempérament de la skieuse du Grand Bornand. Là où beaucoup de filles skient en géant avec un toucher de neige très doux, Tessa est dans l'énergie et dans la puissance.

Lors de la dernière édition des Mondiaux à Garmisch-Partenkirchen, Tessa Worley a brillé. On se souvient certes de sa première manche ratée (19e place !) mais ensuite elle a mis le booster pour signer une superbe remontada ! Cet exploit lui permet de poser le pied sur la troisième marche du podium et de remporter ainsi sa première médaille mondiale dans une discipline individuelle.

Pour se préparer à ces Mondiaux de Schladming, les filles de l'équipe de France de ski alpin ont rendez-vous dans la petite station autrichienne de Innerkrems. Pour se rapprocher au mieux des conditions exigeantes qu'elles vont trouver sur la Planai, les entraîneurs tricolores tracent des parcours raides et glacés. « *Nous étions entre nous, très concentrées sur ces mondiaux, sans avoir trop tôt le stress et l'euphorie de l'événement en ligne de mire* », se souvient Tessa Worley.

Forte de ce stage de préparation somme toute très difficile, Tessa arrive à Schladming convaincue que la course de géant sera un combat. Même si elle est bien préparée, au fond d'elle-même, la skieuse Grand Bornandine pense que la médaille d'or est déjà un peu accrochée autour du cou de Tina Maze.

Depuis le début de la saison, la skieuse Slovène est en effet au-dessus du lot. Tina Maze survole la discipline du géant et surclasse ses rivales. Sept géants, quatre victoires et à chaque course sur le podium !

Seules l'Allemande Viktoria Rebensburg, l'Autrichienne Anna Fenninger et l'Américaine Lindsey Von ont réussi à la devancer sur une course.
Depuis que Tina Maze est à Schladming, tous les observateurs ont pu vérifier son exceptionnel état de forme. Elle a d'ailleurs remporté l'or en Super-G, puis l'argent en super-combiné dans la première semaine de compétitions.

Du côté de Tessa Worley, sa dernière victoire en géant remonte à février 2012 dans la Principauté d'Andorre. A Soldeu-Grandvalira, la skieuse tricolore vire en tête à mi-parcours, puis réussit à contenir le retour de la Slovène Tina Maze en seconde manche.

Depuis l'ouverture de cette saison de Championnats du monde, Tessa Worley monte à trois occasions sur le podium en géant : toujours sur la troisième marche, à Saint-Moritz, à Courchevel et à Semmering. Mais elle ne compte encore aucune victoire. Qu'importe, les Championnats du monde sont et resteront toujours la course d'un jour, où tout peut arriver.

On le vérifie d'ailleurs dès la première épreuve féminine au programme en première semaine à Schladming. Le Super-G est marqué par la grave blessure de la reine de la vitesse Lindsey Vonn qui chute à la réception d'un saut. Celle qui a remporté à Maribor le dernier géant disputé juste avant ces Mondiaux doit hélas déclarer forfait et mettre un terme à sa saison.

Le beau temps est au rendez-vous. Le ciel est bleu et le soleil va illuminer progressivement la Planai. Sur la reco matinale, Tessa Worley a de bonnes sensations sur cette piste impressionnante. Elle s'y sent à l'aise et n'est pas crispée par l'enjeu.

Habituellement, la skieuse tricolore fait deux passages d'échauffement. Aujourd'hui, elle décide de remonter pour en faire un troisième. « *J'avais envie de mettre parfaitement en place mon ski avant de m'élancer. Parfois, il faut savoir s'écouter et avoir un bon ressenti pour être certaine d'être bien échauffée avant d'y aller* », explique Tessa Worley.

D'autant que le tirage au sort lui apporte une pression supplémentaire : elle hérite du dossard 1 ! C'est donc elle qui va avoir l'honneur d'ouvrir le bal des géantes sur la Planai, piste mythique, raide et verglacée.

La première manche démarre à 10h00. La neige est dure et la Planai n'est pas encore complétement baignée par le soleil. « *Quand on s'élance avec le 1, on ne sait pas trop ce qu'on va trouver sous ses pieds. Rapidement, j'ai eu l'impression de me faire secouer, sans maîtriser ma course* », résume Tessa Worley.

Ses sensations ne sont pas au Top. « *Je serais peut-être placée mais je ne n'imagine pas avoir fait la meilleure manche de la matinée* », ajoute Tessa Worley.

Et pourtant ! Anna Fenninger, Tina Maze, Kathrin Zettel et Viktoria Rebensburg, qui s'élancent derrière la skieuse tricolore, n'arrivent pas à allumer du vert sur cette première manche, que ce soit sur un intermédiaire ou sur la ligne d'arrivée.

Celle qu'on surnomme la puce vient, du haut de ses 1m58, de skier dans la catégorie des géantes du ski alpin. Derrière son chrono de référence de 1'04"90, Tessa Worley a créé des écarts impressionnants dans cette première manche : 52 centièmes sur Zettel, 85 sur Fenninger, un peu plus d'une seconde sur Maze et un peu plus de deux secondes sur Rebensburg !

Reste maintenant à la skieuse tricolore de finir le travail car c'est toujours la seconde manche qui est la plus importante. Tracée par Günther Obkircher, l'entraîneur autrichien du groupe technique dames, le second run est moins tournant que le premier.

Par contre, l'attente va être très longue pour les prétendantes à la victoire finale avant qu'elles ne s'élancent dans les 45 portes de cette seconde manche. En Championnats du monde, il faut en effet patienter une heure de plus avant le départ par rapport aux courses de Coupe du monde !

Tessa Worley doit rester très concentrée pour ne pas se laisser submerger par l'enjeu, et par son très bon résultat en première manche. Car dans une telle situation, on peut très vite cogiter. Elle a d'ailleurs demandé aux entraîneurs tricolores de ne pas prononcer le mot médaille pendant toute cette journée. Il devient tabou et Tessa leur précise qu'il sera grand temps d'en parler, après la course...

Tout au long de cette longue journée, la skieuse tricolore est dans sa bulle. « *Une bulle où je me protège du stress et de l'extérieur pour rester concentrée. Une bulle légère pour me permettre de faire ma course à 100%* », précise Tessa Worley.

La seconde manche a démarré depuis plus de 30 minutes. C'est la Suissesse Lara Gut qui occupe le fauteuil de leader avant que les sept meilleures ne s'élancent. La première à déloger Lara Gut est la Suédoise Frida Hansdotter. Mikaela Shiffrin, qui s'élance juste derrière elle, échoue à deux minuscules centièmes.

C'est au tour de la reine du géant de s'élancer. Tina Maze fait un début de course très moyen et à mi-parcours cède déjà beaucoup de son avance. Mais elle réagit dans la seconde partie du tracé. Celle qui a été intouchable depuis le début de saison est de retour. Tina Maze coupe la ligne avec 1'16" d'avance sur la Suédoise Frida Hansdotter !

Les fans autrichiens venus très nombreux encourager leurs deux championnes favorites Anna Fenninger et Kathrin Zettel l'ont bien compris. Ils vont devoir donner de la voix pour pousser vers le bas de la Planai les deux skieuses autrichiennes.
Anna Fenninger vient de s'élancer. Elle pointe en tête aux premier et deuxième inter. Mais elle s'incline de 6

centièmes par rapport à Tina Maze et son finish exceptionnel.

Avant dernière à s'élancer, Kathrin Zettel ne renouvelle pas sa performance de la première manche. Elle se classe à la troisième place provisoire à 42 centièmes de Maze.

Tessa Worley est dans le portillon. A un peu plus d'une minute de quelque chose qui peut être énorme. Peut-être car dans sa tête, elle sait que les autres filles ont très bien skié dans cette seconde manche et que la première place sera compliquée à conserver.

Quand elle s'élance avec l'envie qu'on lui connaît, Tessa Worley compte 1'09" d'avance sur Maze. A mi-parcours, ce sont des cris de joie du côté du Grand Bornand où beaucoup de monde suit la course derrière le petit écran.

Car Tessa a encore creusé l'écart sur le haut du parcours, qui est désormais de 1"46 ! Puis elle rentre dans le mur final. On a l'impression que rien ne peut lui arriver. On retient son souffle encore quelques secondes, très longues, avant que Tessa ne coupe la ligne. 1"12 d'avance sur Tina Maze !! Meilleur temps de la première manche, meilleur temps de la deuxième : Tessa Worley est championne du monde de géant.

La skieuse grand bornandine peut désormais laisser retomber la pression « *C'est fait. Je me suis sentie très soulagée car la journée a été intense et il fallait résister à cette pression. Je peux désormais laisser exploser ma joie et mon soulagement* », précise Tessa Worley.

Elle se sent toute petite au cœur de cette aire d'arrivée de Schladming. C'est une véritable arène, il y a beaucoup de public et une grosse ambiance. « *Cela me donne encore des frissons* », se souvient Tessa Worley.

Elle cherche très rapidement du regard son compagnon Julien Lizeroux et ses parents pour leur faire un coucou. Avant d'expliquer les raisons de sa formidable victoire : « *Je n'ai jamais pensé à un tel scénario où j'arriverais avec autant d'avance. La piste et les conditions me correspondaient parfaitement et j'ai pu en tirer avantage* ».

Sur le podium, Tessa Worley reçoit sa médaille d'or. Elle est entourée de Tina Maze, médaille d'argent et d'Anna Fenninger, médaille de bronze.

Avant de quitter Schladming et rejoindre la station du Grand-Bornand où beaucoup de ses fans l'attendent pour célébrer son titre de championne du monde, Tessa va honorer une promesse. Juste après le stage de préparation, elle a en effet indiqué à son technicien Sylvain : « *Si je fais une médaille, on s'offre des costumes traditionnels autrichiens,* le Dirndl *pour moi et le* Lederhose *pour toi* ».

C'est une magnifique journée qui s'achève pour le ski français. Il n'y avait aucun nuage dans le ciel bleu de Schladming. Si, un ! Celui sur lequel s'est installée Tessa Worley pour devenir une géante du ski alpin mondial.

Podium du géant dames disputé à Schladming le 14 février 2013 dans le cadre des Championnats du monde de ski alpin

Médaille d'or : **Tessa Worley** (France) - 2'08"06
Médaille d'argent : **Tina Maze** (Slovénie) - 2'09"18
Médaille de bronze : **Anna Fenninger** (Autriche) - 2'09"24

JOUR 10

« Mister GS »

Vail-Beaver Creek, 13 février 2015

Nous sommes à 100 jours de l'ouverture des Championnats du monde qui se dérouleront à Vail/Beaver Creek aux Etats-Unis. L'US Ski Team publie un article pour l'occasion et donne la parole à quelques athlètes vedettes de l'équipe américaine.

Le champion américain Ted Ligety y explique qu'il s'apprête à vivre un Mondial de ski alpin à domicile, quelque chose qu'il n'a jamais vécu auparavant. « *Ce sera très amusant d'avoir un grand événement aux États-Unis. C'est toujours agréable de sortir un peu les européens de leur élément. Vous savez, c'est certainement un gros obstacle mental pour nous skieurs américains qui devons voyager tout le temps* », précise Ted Ligety.

Avant d'ajouter : « *Beaver Creek a toujours fait pour nous un travail incroyable de préparation des courses et c'est aussi un endroit où j'ai eu beaucoup de succès. C'est une colline que j'aime, alors j'ai hâte d'y être* ».

Ce rendez-vous avec les Championnats du monde a déjà largement souri au skieur de Park City. Il possède déjà un riche palmarès en arrivant à Beaver Creek : une première médaille de bronze en géant aux Mondiaux de Val d'Isère en 2009 ; une première médaille d'or toujours en géant à Garmisch-Partenkirchen en 2011 ; et enfin en

2013 à Schladming, trois médailles d'or remportées en géant, Super-G et super combiné.

A cette occasion, il devient le premier skieur à remporter trois médailles d'or lors d'une même compétition mondiale depuis l'exploit de Jean-Claude Killy aux Jeux Olympiques de Grenoble en 1968.

Ted Ligety à Beaver Creek, c'est aussi une très belle histoire. De 2010 à 2014, l'américain remporte 5 années de suite le géant de Coupe du monde organisé sur la Birds of Prey !

Conçue en 1997 par le champion Suisse Bernhard Russi, cette piste mythique « des oiseaux de proie » accueille chaque année des étapes du circuit de la Coupe du monde.

En ce matin du vendredi 13 février 2015, c'est justement le jour du géant aux Championnats du monde. Les températures sont printanières à Beaver Creek.

Avant que la première manche ne s'élance, trois noms sont sur toutes les lèvres : Ligety, Hirscher et Pinturault. Le public venu nombreux encourager l'équipe américaine se demande si ce sera le jour de « Mister GS », le surnom donné à Ligety.

Ted Ligety a chaussé les skis dès l'âge de 2 ans et a commencé la compétition à 11 ans. Bien qu'il ait pratiqué d'autres sports en entrant au lycée, le ski a toujours été sa seule passion.

Ted Ligety gravi ensuite pas à pas les échelons, d'abord en junior, où il remporte l'argent au slalom des Mondiaux de 2004.

En novembre 2003, il prend à 19 ans son premier départ en Coupe du monde à l'occasion du géant de Park City.

Deux années plus tard, il monte pour la première fois sur le podium avec une belle 3e place acquise au slalom de Beaver Creek.

En 2006 à Turin, l'américain créé la surprise en remportant le titre olympique dans le combiné alpin. Puis au début des années 2010, il révolutionne le géant.

Au moment où la Fédération Internationale de Ski modifie les rayons de courbures des skis utilisés dans cette discipline, Ligety brille avec sa technique très pure et sa manière si particulière de tailler les courbes.

En ouverture de la saison 2012/2013 à Sölden, Ligety marque les esprits en remportant le géant avec 2 secondes 75 d'avance sur Manfred Moelgg et plus de 3 secondes sur Marcel Hirscher !

En décembre, à Beaver Creek et devant le public américain, il domine encore une fois Marcel Hirscher en le reléguant à 1 seconde 76 centièmes.

La série se poursuit à Alta Badia d'abord, où il repousse le 2e, encore Marcel Hirscher, à plus de 2 secondes et ensuite à Adelboden où l'écart avec Fritz Dopfer dépasse la seconde !

Au cours de cette saison exceptionnelle, Ted Ligety remporte six géants (Sölden, Beaver Creek, Alta Badia, Adelboden, Kranjska Gora, Lenzerheide).

Il s'offre aussi le petit globe de la discipline en ayant creusé des écarts se mesurant en secondes là où habituellement tout se joue avec des centièmes.

A tel point que le New York Times écrit à son sujet en 2014, « *Aucun skieur au monde ne tourne comme Ted Ligety. L'Américain a pratiquement inventé une nouvelle façon de skier* ».

Mais sur une course d'un jour, comme celle des Championnats du monde, Ted Ligety va-t-il réussir à contenir Marcel Hirscher et Alexis Pinturault, tous deux prêts à conquérir le titre mondial ?

La réponse est loin d'être évidente car l'Américain a depuis le début de l'hiver 2014/2015 plus de bas que de hauts et doit se battre pour rester au niveau des meilleurs.

Depuis le géant de Sölden, c'est en effet Marcel Hirscher qui domine la discipline du géant. Il a d'ailleurs presque tout gagné, sauf à Beaver Creek où c'est Ligety qui a été le plus rapide.

Aujourd'hui, une foule immense est venue soutenir Ligety à Beaver Creek et il sait qu'on attend beaucoup de lui. Les conditions sont parfaites, ciel bleu, pas de vent. Ligety a hérité du dossard 6.

Il s'élance dans cette première manche sur une piste glissante et rapide. Son run est prudent, marqué par quelques petites fautes.

A l'arrivée, il signe le 5e temps et ne concéde que 24 centièmes à Marcel Hirscher, auteur du meilleur chrono.

Que peut alors penser le skieur américain en attendant la seconde manche ? Sans doute qu'avec de si bonnes conditions, avec un parcours en très bon état et avec cinq skieurs qui se tiennent en 24 centièmes de seconde, tout est possible et que l'or attend celui qui ira le cueillir !

Il est 22h15 en France lorsque la seconde manche s'élance toujours sous un grand ciel bleu. Et sur un parcours bleu-blanc-rouge. C'est en effet le coach tricolore David Chastan qui a tracé cette seconde manche.

Compte tenu des températures douces, il faudra observer si la piste va tenir au fil des passages des trente meilleurs géantistes encore en lice pour le titre suprême.

C'est le Suédois Matt Olsson qui est leader provisoire juste avant que les cinq derniers skieurs ne s'élancent. Vient le tour de Ted Ligety. Les milliers de spectateurs présents autour du Red Tail Stadium retiennent leur souffle mais pas leur excitation lorsqu'il pousse le portillon.

La mise en action de l'Américain est correcte, sans plus. Il perd d'ailleurs un peu de son avance dès le premier inter. Et puis Ted Ligety lâche les chevaux.

Au Golden Eagle. il taille des courbes de folie comme lui seul sait le faire. 38 centièmes au deuxième inter, 72 centièmes au troisième : le chrono s'affole au fur et à mesure qu'il dévale la Birds of Prey.

Dans le dernier mur, il est supersonique et prend tous les risques. Il coupe la ligne avec 1 seconde 23 d'avance !

Incroyable ! Dans l'aire d'arrivée, les spectateurs debout dans les tribunes se déchaînent et acclament leur idole qui gonfle ses poings. Ted Ligety vient de skier comme à ses plus belles heures.

Mais cet écart sera t-il suffisant pour que l'Américain reste « Mister GS » ? Il reste encore quatre des meilleurs géantistes au monde dans la cabane de départ...

C'est au tour d'Alexis Pinturault de s'élancer. Le skieur de Courchevel réussit un très beau début de parcours mais cède progressivement du terrain sur la suite du tracé. Il franchit la ligne avec le deuxième temps provisoire, avec 88 centièmes de retard sur Ligety.

Les deux suivants à s'élancer, l'Allemand Felix Neureuther et l'Italien Roberto Nani, ne parviennent pas à faire mieux que l'Américain et le Français.

C'est donc une médaille assurée pour Alexis Pinturault, la première de sa carrière en Championnats du monde. Reste à savoir quelle en sera la couleur !

Dernier à s'élancer, Hirscher part très fort. Son haut de parcours est phénoménal et l'Autrichien creuse encore l'écart avec Ligety dès le premier inter. Hirscher donne tout et passe avec 21 centièmes d'avance au second inter.

L'écart s'amenuise ensuite pour atteindre 8 centièmes au troisième inter. Reste la partie finale du tracé, là où Ligety a été exceptionnel. Le suspense est à son comble...

Mais l'incroyable finish de Ligety a raison de Marcel Hirscher qui coupe la ligne avec 45 centièmes de retard sur l'Américain. Explosion de joie dans les tribunes...

Cette course phénoménale offre au ski alpin mondial un podium de géants avec Ligety en or, Hirscher en argent et Pinturault en bronze.

« *Ma course a été bonne, celle de Ted Ligety a été exceptionnelle* », commente Marcel Hirscher à l'issue de la course au micro de CBS Denver.

C'est une très grande victoire pour Ted Ligety qui réussit à renouer avec le succès sur sa piste fétiche et dans une course de Championnats du monde, chez lui aux Etats-Unis.

Déjà champion du monde en géant à Garmisch en 2011, puis à Schladming en 2013, le skieur de Park City devient ainsi le premier skieur de l'histoire à remporter trois titres consécutifs dans une même discipline dans des Mondiaux de ski alpin.

Et cerise sur le gâteau, il offre aux Etats-Unis la première médaille d'or de ces Championnats du monde.

Well done Ted Ligety.

Well done Mister GS.

Podium du géant messieurs disputé à Beaver Creek le 13 février 2015 dans le cadre des Championnats du monde de ski alpin

Médaille d'or : **Ted Ligety** (Etats-Unis) - 2'34"16
Médaille d'argent : **Marcel Hirscher** (Autriche) - 2'34"61
Médaille de bronze : **Alexis Pinturault** (France) - 2'35"04

Géant - Palmarès Championnats du monde de ski alpin 1950 à 1985

ANNEE	LIEU	CHAMPIONNE DU MONDE	CHAMPION DU MONDE
1950	Aspen	Dagmar ROM	Zeno COLO
1952	Oslo	Andrea MEAD-LAWRENCE	Stein ERIKSEN
1954	Åre	Lucienne SCHMIDT-COUTTET	Stein ERIKSEN
1956	Cortina d'Ampezzo	Ossi REICHERT	Toni SAILER
1958	Bad Gastein	Lucile WHEELER	Toni SAILER
1960	Squaw Valley	Yvonne RUEGG	Roger STAUB
1962	Chamonix	Marianne JAHN	Egon ZIMMERMANN
1964	Innsbruck	Marielle GOITSCHEL	François BONLIEU
1966	Portillo	Marielle GOITSCHEL	Guy PERILLAT
1968	Grenoble	Nancy GREENE	Jean-Claude KILLY
1970	Val Gardena	Betsy CLIFFORD	Karl SCHRANZ
1972	Sapporo	Marie-Therese NADIG	Gustavo THOENI
1974	Saint-Moritz	Fabienne SERRAT	Gustavo THOENI
1976	Innsbruck	Kathy KREINER	Heini HEMMI
1978	Garmisch Partenkirchen	Maria EPPLE	Ingemar STENMARK
1980	Lake Placid	Hanni WENZEL	Ingemar STENMARK
1982	Schladming	Erika HESS	Steve MAHRE
1985	Bormio	Diann ROFFE	Markus WASMEIER

Géant - Palmarès Championnats du monde de ski alpin 1987 à 2021

ANNEE	LIEU	CHAMPIONNE DU MONDE	CHAMPION DU MONDE
1987	Crans Montana	Vreni SCHNEIDER	Pirmin ZURBRIGGEN
1989	Vail	Vreni SCHNEIDER	Rudolf NIERLICH
1991	Saalbach	Pernilla WIBERG	Rudolf NIERLICH
1993	Morioka Shizukuishi	Carole MERLE	Kjetil Andre AAMODT
1996	Sierra Nevada	Deborah COMPAGNONI	Alberto TOMBA
1997	Sestrières	Deborah COMPAGNONI	Michael VON GRUENIGEN
1999	Vail	Alexandra MEISSNITZER	Lasse KJUS
2001	Sankt Anton Am Arlberg	Sonja NEF	Michael VON GRUENIGEN
2003	Saint-Moritz	Anja PAERSON	Bode MILLER
2005	Bormio	Anja PAERSON	Hermann MAIER
2007	Åre	Nicole HOSP	Aksel Lund SVINDAL
2009	Val d'Isère	Kathrin HOELZL	Carlo JANKA
2011	Garmisch Partenkirchen	Tina MAZE	Ted LIGETY
2013	Schladming	Tessa WORLEY	Ted LIGETY
2015	Vail Beaver Creek	Anna FENNINGER	Ted LIGETY
2017	Saint-Moritz	Tessa WORLEY	Marcel HIRSCHER
2019	Åre	Petra VLHOVA	Henrik KRISTOFFERSEN
2021	Cortina d'Ampezzo	Lara GUT-BEHRAMI	Mathieu FAIVRE

Le Slalom...

en 12 lignes

Danse entre les piquets

La discipline du slalom est la plus technique du ski alpin. Dénommé slalom spécial dans le passé, cette course est également la plus spectaculaire de par sa rapidité d'éxécution. Elle demande combativité, explosivité et une très grande précision technique.

Les tracés de slalom sont beaucoup plus courts que ceux des autres disciplines et comportent un plus grand nombre de portes. Les skieurs doivent donc s'efforcer d'aller vite tout en exécutant des virages serrés avec une prise de risque calculée pour éviter la faute éliminatoire.

Comme en géant, le slalom se déroule en deux manches. Le vainqueur est celui qui signe le meilleur temps total.

JOUR 11

Slalom Love Story
___

Åre, 16 février 2019

Bienvenue à Åre, la plus ancienne et la plus importante station de sports d'hiver de Suède. En compétition face à Cortina d'Ampezzo, Åre a été désignée en juin 2014 pour organiser cette 45e édition des Championnats du monde de ski alpin. La station suédoise a déjà accueilli à deux reprises en 1954 et en 2007 le gratin du ski mondial.

Depuis quelques années, la Suède a fait de l'environnement un défi national. Le comité d'organisation de ces Mondiaux a donc tout naturellement placé l'écologie au centre de cette quinzaine du ski mondial : les voitures officielles sont électriques, les couverts utilisés pour la restauration sont recyclables, et même la bière est produite grâce à des énergies renouvelables !

Plus de 600 athlètes provenant de 65 nations différentes se pressent à cette édition scandinave des Mondiaux du ski alpin. Parmi eux, deux des plus grandes stars du cirque blanc, l'Américaine Lindsey Vonn et le Norvégien Aksel Lund Svindal, vont prendre pour la dernière fois de leur carrière un départ dans une compétition officielle.

Une autre skieuse américaine, Mikaela Shiffrin, peut aussi marquer de l'empreinte de ses skis l'histoire de cette quinzaine. Elle n'a que 23 ans et est déjà triple championne du monde de slalom !

Son premier titre en slalom, Shiffrin l'obtient à 17 ans à Schladming. En 2013, elle réussit à l'emporter devant l'Autrichienne Michaela Kirchgasser et la Suédoise Frida Hansdotter.

Le 14 février 2015, la belle romance entre Mikaela Shiffrin et le slalom se poursuit chez elle dans le Colorado. Elle est à nouveau sacrée championne du monde devant 4000 fans de ski massés dans le Red Tail Stadium de Beaver Creek.

En 2017 à Saint-Moritz, Shiffrin assomme la concurrence en réalisant le meilleur temps des deux manches. Elle décroche pour la troisième fois consécutive la médaille d'or en slalom reléguant la Suissesse Wendy Holdener et Frida Hansdotter au-delà de la seconde et demi !

Depuis le début de cette saison 2018/2019, Mikaela Shiffrin et la Slovaque Petra Vlhova dominent la discipline du slalom. De Levi en Finlande à Maribor en Slovénie, Shiffrin a remporté 6 victoires sur les 7 courses déjà courues en Coupe du monde. Pour sa part, Vlhova n'a réussi à battre Shiffrin qu'une seule fois à Flachau, et a été à cinq reprises sa dauphine.

Dernière épreuve dames de ces Championnats du monde, le slalom va se courir sur la Gästrappet. Ce n'est pas la piste habituellement utilisée chaque saison par les slalomeuses lorsqu'elles viennent disputer une épreuve de Coupe du monde à Åre. « *La Gästrappet est une piste assez longue qui se caractérise par une partie médiane très plate et en dévers. Elle se termine par un petit mur* », se souvient la slalomeuse française Nastasia Noens, grippée et pas à son aise durant ces Mondiaux.

Depuis la cabane de départ, on découvre un incroyable panorama sur le paysage suédois, avec notamment le lac d'Åre que l'on aperçoit en contrebas. Mais pas sûr que les 97 filles qui se présentent au départ de ce slalom de ces Mondiaux prennent beaucoup de temps à contempler ce paysage magique avant de s'élancer !

D'autant que les conditions météo sont loin d'être favorables. C'est l'Autrichienne Katharina Liensberger qui s'élance la première à 11h, sur une neige mouillée et molle.

Juste derrière elle, Mikaela Shiffrin. La skieuse du Colorado n'est pas au top de sa forme en raison d'un refroidissement qui gêne sa respiration. Elle réalise un début de manche plus que moyen et accuse un retard de 30 centièmes sur le haut du tracé. Shiffrin réussit toutefois à reprendre du temps dans les dernières portes. Elle allume du vert sur la ligne avec une petite avance de 12 centièmes et termine très essoufflée. Pas de quoi rassurer le clan américain d'autant que les meilleures n'ont pas encore pris le départ.

Effectivement, l'Américaine ne va pas rester très longtemps dans le fauteuil de leader. La Suissesse Wendy Holdener, 3e du classement du slalom cette saison, est très déterminée. Son ski agressif va faire le reste. Elle s'empare du commandement en devançant Shiffrin de 15 centièmes.

Avec son dossard 4, la Suédoise Anna Swenn Larsson est très attendue. Favorite du public, elle réussit une très bonne première manche et signe le deuxième chrono à 11 centièmes de Holdener.

Petra Vlhova est la dernière des favorites à s'élancer avec le dossard 6. Moins à l'attaque que d'habitude, elle franchit la ligne avec un retard de 46 centièmes par rapport à Wendy Holdener et prend la cinquième place de cette première manche.

Avec Holdener sur le fauteuil de leader et Swenn-Larsonn deuxième, le résultat de cette première manche est loin d'être habituel. Depuis le début de cette saison, la première et deuxième place ont toujours été prises soit par Mikaela Shiffrin, soit par Petra Vlhova. Et les voilà aux 3e et 5e places ! Elles n'ont pas réussi, comme à leur habitude, à tuer le suspense dès la première manche.

Le second run s'élance à 14h30 sous le soleil. Comme le veulent les règles du slalom, les trente meilleures de la première manche s'élancent dans l'ordre inverse de leur classement. Cette manche finale s'annonce très indécise et le « Money Time » passionnant. De Wendy Holdener à Petra Vlhova, 6 skieuses se tiennent en 56 centièmes et peuvent remporter la médaille d'or.

Sacrée championne olympique de la discipline un an plus tôt aux Jeux Olympiques d'hiver de Pyeongchang, Frida Hansdotter peut espérer un bon résultat après sa 6e place dans le premier run.

Mais sa seconde manche n'est pas à la hauteur de son talent, même si la Suédoise allume du vert en franchissant la ligne. Son chrono ne sera sans doute pas suffisant pour lui permettre d'espérer monter sur la boîte.

Petra Vlhova va devoir mieux skier qu'en première manche. Et elle ne se fait pas prier ! Avec une ligne haute et directe, son ski fait merveille et les inters sont de plus en plus verts.
Avec une avance de 1"36 sur la ligne par rapport à Frida Hansdotter, la Slovaque vient de frapper un grand coup. Le podium est en vue, voire plus...

Les quatre meilleures skieuses de la première manche doivent encore s'élancer. Au tour de Katharina Liensberger. L'Autrichienne réussit une bonne mise en action et accentue son avance au premier inter. Mais dans le mur, là où Vlhova a été très solide, elle laisse s'échapper le chrono et se classe à la 2e place provisoire.

Comment Mikaela Shiffrin va-t-elle répondre au meilleur chrono de la seconde manche signé par Vlhova ? En grande championne, avec un ski engagé et agressif. Au 3e inter, on se pince. La skieuse du Colorado compte une seconde et 18 centièmes d'avance. Elle est en route pour quelque chose d'immense. Cet écart fond un peu sur le bas et Shiffrin franchit l'arrivée avec 1"03 d'avance sur Vlhova.

Troisième de la première manche, à 15 centièmes de Holdener, Mikaela Shiffrin vient de signer une deuxième manche parfaite. Elle est la première skieuse à descendre en-dessous de la minute. Une fois la ligne franchie, la skieuse du Colorado, exténuée par la performance qu'elle vient de réussir, s'allonge au sol pour mieux récupérer !

Il reste deux skieuses dans la cabane de départ : Swenn Larsson et Holdener. A cet instant, Vlhova n'est plus du tout certaine de décrocher une médaille compte tenu de la valeur de la Suédoise et de la Suissesse.
Par contre, la médaille est déjà assurée pour Shiffrin. Mais de quelle couleur sera-t-elle ?

Au moment où Anna Swenn-Larsson s'élance, les tribunes remplies d'un peu plus de 16 000 personnes s'enflamment. Les Suédois attendent impatiemment une première médaille dans ces Mondiaux.

La Suédoise lâche un peu plus d'un dixième sur le haut. Au 2e inter, elle s'enfonce un peu plus dans le rouge avec

36 centièmes de retard. L'écart se maintient et elle coupe la ligne avec le 2e temps global à 58 centièmes de Shiffrin. C'est une médaille assurée pour Swenn-Larsson, la première pour la Suède. Avec les deux bras levés vers le ciel, Anna partage sa joie avec le public.

Wendy Holdener est la dernière à s'élancer. Vice-championne du monde et vice-olympique championne olympique de la discipline, la Suissesse a déjà remporté deux titres dans ces Mondiaux, en combiné et dans le Team Event. Alors comme on dit, jamais deux sans trois... Mais va-t-elle résister à la pression, elle qui n'a encore jamais remporté un slalom en Coupe du monde ?

Wendy est en piste. Après une dizaine de secondes de course, elle commet une énorme faute... La Suissesse est à l'arrêt, remonte jusqu'à la porte manquée avant de poursuivre sa manche. Elle termine à 5"30 de l'Américaine. Wendy Holdener a craqué et laisse passer une chance inouïe de remporter enfin ce premier slalom et cette médaille d'or désormais offerte à Mikaela Shiffrin.

C'est un incroyable exploit que la skieuse du Colorado vient de réaliser. Elle devient Championne du monde de slalom pour la quatrième fois consécutive (2013, 2015, 2017 et 2019). Aucun skieur ou skieuse n'a réussi dans l'histoire du ski alpin une telle performance avant elle, toutes disciplines confondues.

Devant les micros des médias, Mikaela Shiffrin explique qu'en raison de son rhume de poitrine, elle avait du mal à respirer pendant la course. « *Toute mon équipe était autour de moi toute la journée et m'aidait à m'assurer que je buvais... que je me reposais... et que je ne gaspillais pas d'énergie* », précise l'Américaine à U.S. Ski and Snowboard.

Le podium de ce slalom dames est en place. Sur la plus haute marche et médaille d'or : Mikaela Shiffrin. L'argent est pour la Suédoise Anna Swenn-Larsson (+58 centièmes), rayonnante devant son public qui exulte. Petra Vlhova remporte la médaille de bronze (+1"03). Pas très loin de la boîte, Wendy Holdener est inconsolable. Joie et tristesse du sport de haut niveau et des Championnats du monde où seules les médailles comptent !

Quelques mois plus tard, dans le slalom d'ouverture de la saison 2019/2020 à Levi en Finlande, Shiffrin fait tomber le record du nombre de victoires en slalom (40) détenu par le légendaire Ingemar Stenmark.

Puis en janvier 2022, sous les lumières de la Night Race de Schladming, Mikaela Shiffrin l'emporte à l'issue d'un spectacle de toute beauté face à son éternelle rivale Petra Vlhova. Ce 47e succès en slalom permet à l'Américaine de dépasser le nombre de victoires remportées par un athlète dans une même discipline. Record jusqu'à alors détenu par Ingemar Stenmark avec 46 succès en géant.

Où s'arrêtera Mikaela Shiffrin ? Avec d'aussi belles danses entre les piquets, on ne peut lui souhaiter qu'une chose : nous faire vivre encore longtemps sa « Slalom Love Story » !

Podium du slalom dames disputé à Åre le 16 février 2019 dans le cadre des Championnats du monde de ski alpin

Médaille d'or : **Mikaela Shiffrin** (Etats-Unis) - 1'57"05
Médaille d'argent : **Anna Swenn Larsson** (Suède) - 1'57"63
Médaille de bronze : **Petra Vlhova** (Slovaquie) - 1'58"08

JOUR 12

Comme dans un rêve

Vail-Beaver Creek, 15 février 2015

Le calendrier d'un mois de janvier en Coupe du monde de ski alpin est souvent très dense pour les slalomeurs. Celui de 2015 ne faillit pas à la tradition avec des courses à Zagreb, Adelboden, Wengen, Kitzbühel et Schladming !

Depuis le début de cette saison de slalom, le Français Jean-Baptiste Grange, sacré pour la première fois champion du monde de slalom en 2011 à Garmisch-Partenkirchen, est à la peine.

A Levi, à l'occasion du lancement de l'hiver entre les piquets serrés, le skieur de Valloire ne réussit pas à se qualifier pour la seconde manche. Son meilleur classement est ensuite une 6e place obtenue sur la Chunisbärgli à Adelboden en janvier.

Dans les deux derniers slaloms qui précèdent les Mondiaux de Vail-Beaver Creek, Grange se classe 21e sur la **Ganslern à Kitzbühel** et 26e sous les projecteurs de la Night Race de Schladming, la Mecque du slalom !

« *Sur les 2 dernières courses à Kitzbühel et Schladming, je suis aux fraises, à la rue, pas dedans et lessivé !* », commente Jean-Baptiste Grange dans le podcast Slalom résumant remarquablement bien sa carrière hors-norme.

Cela fait maintenant presque quatre ans que le slalomeur de Valloire n'a pas remis un pied sur un podium de Coupe du monde. Depuis le 27 février 2011 précisément avec une 3e place à Bansko en Bulgarie. Une éternité quand on connaît le talent et le déroulé de la carrière de Jean-Baptiste Grange !

L'incroyable aventure sur les skis de Jean-Baptiste Grange a débuté dès son plus jeune âge. Dans son village savoyard de Valloire, il est mis sur la voie du ski par une famille de skieurs très dévouée et sur laquelle il peut s'appuyer en totale confiance.

Son aventure sur les skis a bien failli s'arrêter dès l'âge de 11 ans suite à deux hernies discales. Après une interruption de près d'un an et demi, Jean-Baptiste Grange poursuit au sein du Comité Ski de Savoie sa montée progressive vers le haut niveau.

Sa discipline de prédilection, c'est le slalom. Depuis le début de sa carrière, le skieur de Valloire a connu pas mal de très hauts mais aussi des très bas entre les piquets.

Dans le chapitre des très belles réussites, on trouve une première victoire en Coupe du monde en 2007 à Alta Badia, puis juste après, une médaille de bronze en slalom pour sa première participation à des Mondiaux à Åre en février 2007.

A l'issue de la saison 2008/2009, il remporte le globe de cristal en slalom en devançant le Croate Ivica Kostelic et son coéquipier Julien Lizeroux. Sur les neiges autrichiennes, Grange réussit en janvier 2011 le magnifique doublé Kitzbühel/Schladming, juste avant d'être sacré champion du monde de slalom à Garmisch-Partenkirchen.

Du côté des occasions manquées, il y a bien entendu le zéro pointé aux Championnats du monde de Val d'Isère en 2009. Puis, aux Jeux Olympiques de Sotchi de 2014, Grange touche du doigt la médaille après une belle première manche. Mais son rêve s'envole après seulement 10 secondes de course en seconde manche dans un virage mal négocié !

Jean-Baptiste Grange doit aussi faire face à une mauvaise série de blessures : au genou droit en 2009 ce qui lui fait rater les Jeux Olympiques de Vancouver ; à l'épaule gauche en 2011 et 2012 puis au dos en 2013 et 2014 !

Au moment où il s'envole pour le Colorado et les Championnats du monde 2015, le skieur de Valloire n'a pas un gros stock de confiance dans ses bagages.

Le slalom hommes est la dernière épreuve de ces Mondiaux. Depuis le début de la compétition, la France ne compte que deux médailles de bronze à son palmarès : Adrien Théaux en Super-G et Alexis Pinturault en géant.

Depuis le début de la saison, on compte six vainqueurs différents pour les huit slaloms disputés. Marcel Hirscher et Felix Neureuther en ont gagné deux, Stefano Gross, Alexander Khoroshilov, Henrik Kristoffersen et Mattias Hargin se sont partagés les autres victoires.

Durant les premiers entraînements sur la neige du Colorado, Jean-Baptiste Grange est loin de skier à son meilleur niveau.

« C'est la première fois que j'ai vu JB s'énerver et nous mettre tous à l'heure ! », précise David Chastan, Chef du groupe technique de l'équipe de France, dans le podcast Slalom.

Ce coup de gueule du skieur de Valloire va provoquer le déclic tant attendu. Après une séquence de repos à Denver, Jean-Baptiste revient à Beaver Creek pour deux séances de ski libre sur une piste arrosée à la lance à incendie. « *Ce n'était plus la même personne* », précise David Chastan dans le podcast Slalom.

La confiance revient très vite au fur et à mesure que Jean-Baptiste Grange enchaîne les très bonnes séances d'entraînement. Les repères sont de retour et le ski aussi...

L'une des caractéristiques du slalom de Beaver Creek est qu'il se joue en altitude, donc il sera très exigeant d'un point de vue physique.

Les rois du piquet s'élancent en effet à 2924 mètres d'altitude et l'aire d'arrivée est installée 200 mètres plus bas.

La première manche s'annonce difficile et longue. Et cerise sur le gâteau, Christian Mitter, le traceur Norvégien, a pris un malin plaisir à livrer un parcours très très tournant !

Côté météo, après une nuit claire et fraîche, la neige est de retour ! Cela dit la piste **ressemble à du carrelage sur le haut. La neige est ensuite agressive, puis plus souple sur le bas du parcours.**

Marcel Hirscher, dossard 1, domine le premier run avec un chrono canon. Le Russe Khoroshilov signe le 2e temps et les Suédois André Myhrer et Mattias Hargin se classent respectivement 3e et 4e.

Avec son dossard 14, Jean-Baptiste Grange réalise une manche très propre et signe le 5e chrono à 88 centièmes du skieur autrichien, ce qui constitue déjà une belle satisfaction en soi.

Pour les autres tricolores, seul Alexis Pinturault avec sa 8e place peut encore espérer bien figurer au final de ce slalom. Julien Lizeroux est 23e tandis que Victor Muffat-Jeandet a commis une grosse faute qui ne lui laisse plus aucun espoir pour la suite de ce slalom.

Cette première manche sélective voit également l'élimination de 43 skieurs sur les 93 qui étaient au départ !

Les slalomeurs doivent désormais gérer une longue attente de 4 heures avant de se présenter à nouveau dans le portillon de départ. Le tracé signé par l'Italien Stephano Costazza s'annonce moins difficile et surtout beaucoup moins tournant que celui de la première manche.

Mais ce podium mondial va se jouer sous la neige et même plus. Il tombe des pizzas sur Beaver Creek !

Avant que les 5 derniers ne s'élancent, le trio de tête est constitué des 2 Allemands Fritz Dopfer, leader provisoire, et Felix Neureuther, et du Norvégien Henrik Kristoffersen. Un peu avant, Alexis Pinturault, premier tricolore à s'être élancé, est parti à la faute et est disqualifié.

Jean-Baptiste Grange est dans le portillon. Dès les premiers virages, il retrouve le touché de neige et la finesse qui lui permettent d'aller très vite entre les piquets.

Malgré une petite faute sans conséquence, il skie avec beaucoup de fluidité et signe un superbe run. C'est la manche référence qu'on attend depuis si longtemps.

Jean-Baptiste Grange réalise le meilleur chrono de la seconde manche, indique le tableau d'affichage. Il s'installe dans le fauteuil de leader. C'est déjà ça !

Reste maintenant à attendre que les quatre **skieurs les plus rapides lors de la** première manche, franchissent la ligne...

C'est d'abord au tour des deux rois **suédois du slalom**, Mattias Hargin et André Myhrer, d'essayer de détrôner Jean-Baptiste Grange. Ce ne sera pas pour aujourd'hui, le duo scandinave termine respectivement aux 5e et 6e place provisoire.

Ce qui provoque une première grosse sensation et pas mal d'émotions dans le clan tricolore. À cet instant, Jean-Baptiste Grange est assuré de repartir de Beaver Creek avec une médaille.

Inespéré, incroyable mais désormais bien réel !

Khoroshilov est dans le portillon. C'est un gros client pour la victoire. Le skieur Russe a en effet remporté il y a trois semaines la Night Race de Schladming, le dernier slalom disputé avant ces Mondiaux. Mais il cale sur ce tracé et ne termine que 8e !

La cause est entendue. Ce sera donc de l'argent pour Grange. Car n'y comptez pas, Hirscher ne va pas laisser passer l'occasion et va aller cueillir cette médaille d'or qui lui est promise...

Le skieur autrichien est dans le portillon. C'est tempête de neige sur le tracé au moment où il s'élance avec 9 dixièmes d'avance sur Grange. Tiens, le skieur de Salzbourg cède du terrain dès le premier inter. Grange lui a déjà repris 2 dixièmes !

Un peu plus bas dans les piquets, le second inter confirme la tendance. Après 25 secondes de course, Hirscher a lâché la moitié de son avance. Plus il glisse dans la tempête de neige, plus son ski semble ne plus être celui qu'on connaît habituellement.

Au passage du troisième inter, l'ambiance monte de deux crans dans la cabine d'Eurosport où Alexandre Pasteur et Jean-Pierre Vidal commentent en direct la course. L'avance de Hirscher a presque entièrement fondu : plus que 6 petits centièmes d'avance pour l'Autrichien.

Cela va se jouer à rien du tout. Soudain, Hirscher enfourche ! On se pince pour y croire. L'Autrichien ne sort jamais en slalom. « *C'est énorme, après 4 ans de galères...* », s'écrie Alexandre Pasteur au micro d'Eurosport.

Jean-Baptiste Grange est champion du monde. Champion du monde pour la deuxième fois de sa carrière. Champion du monde après plusieurs années de doutes et de douleurs.

Sur ce dernier podium des Mondiaux de Vail-Beaver Creek, le skieur de Valloire est tout sourire et entouré de deux Allemands, Fritz Dopfer qui remporte l'argent et Félix Neureuther le bronze.

Cette médaille d'or inespérée est splendide. Et cette marseillaise chantée aussi. **Jean-Baptiste Grange est le premier skieur français à devenir double champion du monde entre les piquets.**

Ils ne sont d'ailleurs pas très nombreux les tricolores à avoir réussi l'exploit d'être deux fois champions du monde. Emile Allais a ouvert la voie en 1937 et 1938, avant d'être suivi par Guy Perillat (1960 et 1966) et Jean-

Claude Killy (1966 et 1968) durant cette formidable séquence des années 60. Chez les féminines, Marielle Goitschel (1964 et 1966) et Fabienne Serrat (1974) ont également été titrées deux fois dans des Mondiaux.

Que l'histoire est belle. Car Jean-Baptiste Grange revient de nulle part et dépose derrière lui quatre années de grosses galères.

D'ailleurs ce n'est pas une histoire. C'est plutôt un rêve que vient de nous offrir le skieur mauriennais.

Car toujours animé par cette passion folle du ski de compétition, Jean-Baptiste Grange s'est toujours battu pour réaliser ses rêves d'enfant et les vivre sur ses skis.

Podium du slalom hommes disputé à Beaver Creek le 15 février 2015 dans le cadre des Championnats du monde de ski alpin

Médaille d'or : **Jean-Baptiste Grange** (France) - 1'57"47
Médaille d'argent : **Fritz Dopfer** (Allemagne) - 1'57"82
Médaille de bronze : **Felix Neureuther** (Allemagne) - 1'58"02

Slalom - Palmarès Championnats du monde de ski alpin - 1931 à 1958

ANNEE	LIEU	CHAMPIONNE DU MONDE	CHAMPION DU MONDE
1931	Mürren	Esmé MACKINNON	David ZOGG
1932	Cortina d'Ampezzo	Roesli STREIFF	Friedl DAUBER
1933	Innsbruck	Inge WERSIN-LANTSCHNER	Anton SEELOS
1934	Saint-Moritz	Christl CRANZ	Franz PFNUER
1935	Mürren	Annie RUEGG	Anton SEELOS
1936	Innsbruck	Gerda PAUMGARTEN	Rudolf MATT
1937	Chamonix	Christl CRANZ	Emile ALLAIS
1938	Engelberg	Christl CRANZ	Rudolf ROMINGER
1939	Zakopane	Christl CRANZ	Rudolf ROMINGER
1948	Saint-Moritz	Gretchen FRAZER	Edi REINALTER
1950	Aspen	Dagmar ROM	Georg SCHNEIDER
1952	Oslo	Andrea MEAD-LAWRENCE	Othmar SCHNEIDER
1954	Åre	Trude KLECKER	Stein ERIKSEN
1956	Cortina d'Ampezzo	Renee COLLIARD	Toni SAILER
1958	Bad Gastein	Inger BJOERNBAKKEN	Josef RIEDER

Slalom - Palmarès Championnats du monde de ski alpin - 1960 à 1989

ANNEE	LIEU	CHAMPIONNE DU MONDE	CHAMPION DU MONDE
1960	Squaw Valley	Anne HEGGTVEIT	Ernst HINTERSEER
1962	Chamonix	Marianne JAHN	Charles BOZON
1964	Innsbruck	Christine GOITSCHEL	Josef STIEGLER
1966	Portillo	Annie FAMOSE	Carlo SENONER
1968	Grenoble	Marielle GOITSCHEL	Jean-Claude KILLY
1970	Val Gardena	Ingrid LAFFORGUE	Jean-Noël AUGERT
1972	Sapporo	Barbara Ann COCHRAN	Francisco FERNANDEZ-OCHOA
1974	Saint-Moritz	Hanni WENZEL	Gustavo THOENI
1976	Innsbruck	Rosi MITTERMAIER	Piero GROS
1978	Garmisch Partenkirchen	Lea SOELKNER	Ingemar STENMARK
1980	Lake Placid	Hanni WENZEL	Ingemar STENMARK
1982	Schladming	Erika HESS	Ingemar STENMARK
1985	Bormio	Perrine PELEN	Jonas NILSSON
1987	Crans Montana	Erika HESS	Franck WOERNDL
1989	Vail	Mateja SVET	Rudolf NIERLICH

Slalom - Palmarès Championnats du monde de ski alpin - 1991 à 2021

ANNEE	LIEU	CHAMPIONNE DU MONDE	CHAMPION DU MONDE
1991	Saalbach	Vreni SCHNEIDER	Marc GIRARDELLI
1993	Morioka Shizukuishi	Karin BUDER	Kjetil Andre AAMODT
1996	Sierra Nevada	Pernilla WIBERG	Alberto TOMBA
1997	Sestrières	Deborah COMPAGNONI	Tom STIANSEN
1999	Vail	Zali STEGGALL	Kalle PALANDER
2001	Sankt Anton Am Arlberg	Anja PAERSON	Mario MATT
2003	Saint-Moritz	Janica KOSTELIC	Ivica KOSTELIC
2005	Bormio	Janica KOSTELIC	Benjamin RAICH
2007	Åre	Sarka ZAHROBSKA	Mario MATT
2009	Val d'Isère	Maria RIESCH	Manfred PRANGER
2011	Garmisch Partenkirchen	Marlies SCHILD	Jean-Baptiste GRANGE
2013	Schladming	Mikaela SHIFFRIN	Marcel HIRSCHER
2015	Vail Beaver Creek	Mikaela SHIFFRIN	Jean-Baptiste GRANGE
2017	Saint-Moritz	Mikaela SHIFFRIN	Marcel HIRSCHER
2019	Åre	Mikaela SHIFFRIN	Marcel HIRSCHER
2021	Cortina d'Ampezzo	Katharina LIENSBERGER	Sebastian FOSS-SOLEVAAG

LE JOUR D'APRES

Vers d'autres belles histoires en or

2023, 2025, 2027...

Elles ne sont pas encore écrites mais elles arrivent très vite. A l'heure où j'écris ce livre, les trois prochaines éditions des Championnats du monde de ski alpin sont déjà programmées.

Nous nous retrouverons tout d'abord en France à Courchevel et Méribel du 6 au 19 février 2023 où le Comité d'Organisation nous a promis une célébration de moments de sports exceptionnels dans une ambiance festive et mémorable.

Puis en 2025 ce sera au tour du pays du ski, l'Autriche, d'accueillir du 4 au 16 février à Saalbach les 48e Championnats du monde autour du concept « One mountain, All competitions ».

Et enfin, quarante ans après la mémorable fête de 1987, la station suisse de Crans Montana sera à nouveau en février 2027 l'épicentre du ski alpin mondial. Avec un programme alléchant pour des Mondiaux authentiques, durables, éco-responsables et novateurs.

Autant d'occasions de s'enthousiasmer et de vivre des moments sportifs uniques et de très belles histoires de médailles d'or, d'argent et de bronze.

PODIUM MEDIATIQUE

Avec Edward Jay

1997, 2001 et 2005

D'origine savoyarde, Edward Jay a été journaliste presse écrite au Dauphiné Libéré, puis journaliste radio pour Nostalgie et RMC. Il a suivi pendant de nombreuses années le circuit Coupe du monde de ski alpin et couvert pour RMC cinq Championnats du monde.

Aujourd'hui, Edward travaille toujours, avec passion, dans le monde du sport pour l'agence RMC Sport (Radio RMC et agence de presse interne et réseaux sociaux de tous les médias du groupe Alice, notamment BFMTV et BFM Lyon).

Je lui ai demandé de se plonger dans ses souvenirs et de nous raconter trois moments forts qu'il a vécus au cours de Championnats du monde de ski alpin. Son podium médiatique en quelque sorte !

Son choix s'est porté sur un slalom argenté dans la nuit de Sestrières en 1997, sur le sourire radieux d'une championne du monde de Super-G à St Anton en 2001, et sur la résurrection d'un skieur hors-norme à Bormio en 2005.

Un très beau podium illustratif de superbes performances d'un jour, mais aussi et surtout, de l'ensemble de la carrière d'athlètes d'exception.

Les bras trop courts de Bastoune

Sestrières, 15 février 1997

« *J*'*ai toujours été proche des slalomeurs car j'aime beaucoup cette discipline. Peut être depuis ce jour de janvier 1994 à Chamonix où, en quête d'un reportage sur le slalom français au creux de la vague, deux d'entre eux, Bastoune (Sébastien Amiez) et Yves Dimier, me l'ont apporté sur un plateau avec leurs improbables 6e et 8e place !*

Trois ans plus tard, Bastoune arrive en favori aux Championnats du monde de Sestrières, fort de son globe de cristal remporté la saison précédente. Il survole la première manche. Alberto Tomba, son éternel rival, est au-delà de la seconde ! Le Norvégien Tom Stiansen est en embuscade.

Dans le second run, Tomba prend la tête avant que Stiansen le détrône en coupant la ligne les bras tendus, comme s'il voulait grapiller de précieux centièmes...

La médaille d'or est promise à Bastoune. Mais sa 2e manche est trop hachée et il commet plusieurs fautes sur le bas du tracé. Il franchit la ligne les bras baissés. Le chrono est implacable : 5 petits centièmes de trop. L'or mondial vient de s'envoler pour le skieur de Pralognan !

Je tends mon micro à Bastoune pour l'écouter m'expliquer sa manche ratée. Il a cette formule remplie d'humour qui claque dans la nuit italienne avec la même spontanéité que lorsqu'il est sur ses skis de slalom : « Maman, tu aurais dû me faire des bras un peu plus longs ! ».

Le sourire radieux de Régine Cavagnoud

St Anton, 29 janvier 2001

« *La station autrichienne de St Anton est magnifique et l'organisation des Championnats du monde 2001 est en tout point remarquable. C'est mon premier gros événement ski pour le nouveau média RMC et je suis le seul de notre rédaction à le couvrir.*

Le Super-G dames est la première épreuve inscrite au programme. Une médaille sur la première épreuve donne toujours le « La » pour la suite.

Après avoir gagné les 3 derniers Super-G de Coupe du monde, la skieuse de La Clusaz, Régine Cavagnoud, remporte la médaille d'or. Elle est sacrée pour la première fois de sa carrière championne du monde.

Je logeais dans le même hôtel que l'équipe de France. Après la course, je passe un moment inoubliable de partages et d'échanges avec Régine.

Dans cette année constrastée, Régine est championne du monde fin janvier avec toute sa joie, et fin octobre elle est victime d'un choc mortel à l'entraînement sur le glacier du Pitzal en Autriche.

Ce sourire radieux de Régine en ce 29 janvier 2001, synonyme d'un bonheur contagieux, restera à jamais un moment gravé dans ma mémoire ».

« Standing ovation » pour Hermann Maier

Bormio, 9 février 2005

« *Dans toute ma carrière de journaliste, Hermann Maier est le champion de ski qui m'a le plus marqué. Après avoir trusté un grand nombre de victoires, « Herminator » est victime en août 2001 d'un grave accident de moto. Nous sommes nombreux à l'époque à écrire qu'il ne pourra plus jamais skier.*

Fin janvier 2003, je suis à Kitzbühel. Une foule immense s'est installée au pied de la Streif. L'inconcevable va se réaliser : Hermann Maier signe le meilleur chrono du Super-G et monte à nouveau sur la plus haute marche d'un podium. Une semaine plus tard, il se pare d'argent sur le Super-G des Mondiaux de Saint-Moritz !

En 2005, je couvre les Championnats du monde à Bormio en Italie. Je vis un grand moment de ski. Sur la mythique Stelvio, c'est un combat de géants et Herminator signe un immense exploit. Il devient pour la première fois de sa carrière champion du monde de géant, discipline qu'il dominait avant sa blessure.

Lorsqu'il rentre dans la salle de presse, j'assiste à une scène incroyable. Tous les journalistes se lèvent pour lui réserver une formidable Standing Ovation, célébrant ainsi l'incroyable résurrection de ce champion hors-norme ! ».

Remerciements

Merci à tous mes lecteurs d'avoir franchi la ligne d'arrivée après ces 12 jours de ski ! Vous venez de glisser sur des pistes mythiques et de revivre des victoires de championnes et champions d'exception.

J'exprime ma gratitude à Adrien Théaux, à qui vous devez la préface de cet ouvrage. Elle illustre à la perfection ce que sont les Championnats du monde de ski alpin, une course d'un jour où vraiment tout peut arriver !

Que serait ce livre sans les championnes et champions de ski ! Je n'aurais jamais pas pu l'écrire sans recueillir leurs témoignages. Merci à Adeline Baud Mugnier, Didier Cuche, Didier Défago, Erik Guay, Florence Masnada, Léo Lacroix, Nastasia Noens, Marion Rolland, Florence Steurer, Victor Muffat-Jeandet, Alexis Pinturault, Pernilla Wiberg et Tessa Worley qui ont très gentiment fait appel à leur mémoire pour me permettre d'enrichir toutes mes histoires de jours en or.

Merci à Edward Jay pour avoir partagé avec passion ses souvenirs de journaliste et s'être prêté à l'exercice d'un podium médiatique.

Merci à Laurent Chrétien de la Fédération Française de Ski et à Roman Eberle de Swiss-Ski pour m'avoir grandement facilité la prise de contact avec les athlétes français et suisses qui ont apporté leurs commentaires dans ce livre.

J'adresse un remerciement particulier à Maud Rey-Canard pour la conception des infographies palmarès et pour son aide précieuse au développement de TopSkiNews depuis plusieurs saisons.

Merci à ma fille Audrey pour la conception de cette couverture originale et inspirée qui, j'espère, plaira au plus grand nombre.

Merci à Cécile mon épouse pour son soutien passionné, ses encouragements permanents et toutes ses idées pour transformer ce 12 Jours en un très beau projet.

Je voudrais aussi remercier très sincèrement mon club de relecteurs, Floriane Galaud, Marine et Odile Gierczynski, Pierre Laclais et Maud Rey-Canard, qui m'ont évité de partir à la faute dans les nombreux schuss et piquets serrés de ce 12 Jours.

Enfin, depuis la raquette d'arrivée de ce 12 Jours, j'adresse un tonnerre d'applaudissements à l'ensemble des skieuses et skieurs de haut niveau du monde entier, que je n'ai pas pu citer dans ce livre, et sans qui les Championnats du monde n'existeraient pas !

Bibliographie

Documentaire 16 médailles à Portillo – Jack Lesage et Jean-Jacques Languepin – Cinémathèque d'images de montagne – 1966.

Archives Bibliothèque Nationale de France : l'Equipe, Paris Match.

Archives New York Times, Vail Daily, CBS Denver.

Backstage FFSTV sur les Championnats du monde d'Åre (2019) et Cortina d'Ampezzo (2021).

Podcast Slalom, écrit et présenté par Guillaume Gorgeu – 2022.

Sites internet Alpine Ski Data Base, Eurosport, Fédération Internationale de Ski, Fédération Française de Ski, Swiss-Ski, US Ski & Snowboard, Championnats du monde Cortina 2021 et Courchevel-Méribel 2023.

Du même auteur

Après Ski, 21 belles pistes de reconversion
Editions Books on Demand - 2020

À propos de l'auteur

Michel Roche est né à Moutiers en Savoie au pied des Trois Vallées, le plus grand domaine skiable au monde. Passionné de ski alpin depuis son plus jeune âge, il a fait toute sa carrière professionnelle dans le métier de la communication au sein du groupe Thales où il a piloté bon nombre de projets innovants et complexes.

Il a ensuite créé et développé TopSkiNews, une plateforme digitale (web, Twitter, Facebook, Instagram, LinkedIn, YouTube) spécialisée sur l'actualité de la Coupe du monde de ski alpin.

S'appuyant sur un contenu attractif, ses supports digitaux n'ont cessé de compter de nouveaux fans, informés à grande vitesse sur l'actualité du ski alpin mondial.

Michel Roche a réussi à tisser de nombreux liens, en France comme à l'international, avec les athlètes, les professionnels du ski et les média.

Les chiffres d'audience et les taux d'engagement ont ainsi positionné TopSkiNews comme un média de référence dans le domaine du ski alpin.

Crédit images

Infographies palmarès pages 37, 58 à 60, 83, 104 à 106, 127, 146, 147, 167 à 169 : @Maud Rey-Canard

Pictogrammes disciplines pages 38, 62, 84, 108, 128 et 148 : @Cdesign87

Starting List

7 AVANT-PROPOS

13 PREFACE
Adrien Théaux

19 LE JOUR D'AVANT
Portillo 1966 - Légendaire et inoubliable

38 COMBINE ALPIN

41 JOUR 1
Pernilla Wiberg - Une seconde manche d'anthologie

49 JOUR 2
Alexis Pinturault – Un accomplissement en or

62 SUPER-G

65 JOUR 3
Anna Fenninger – Apothéose sur la Raptor

73 JOUR 4
Didier Cuche – Imbattable sur la Face de l'extrême

84 DESCENTE

87 JOUR 5
Marion Rolland – Une journée sur le toit du monde

95   JOUR 6
Erik Guay – Dans son jardin de Garmisch

108 PARALLELE

111 JOUR 7
Marta Bassino, Katharina Liensberger et Mathieu Faivre - La toute première fois

119 JOUR 8
Equipe de France – Une Saint Valentin en or

128 GEANT

131 JOUR 9
Tessa Worley – Sur un nuage

139 JOUR 10
Ted Ligety – Mister GS

148 SLALOM

151 JOUR 11
Mikaela Shiffrin - Slalom Love Story

159 JOUR 12
Jean-Baptiste Grange – Comme dans un rêve

171 LE JOUR D'APRES
2023, 2025 et 2027

173 PODIUM MEDIATIQUE
Avec Edward Jay

CPSIA information can be obtained
at www.ICGtesting.com
Printed in the USA
BVHW082202130922
646893BV00010B/746